GERD LUDWIG

Ein Kätzchen zieht ein

Willkommen zu Hause

FOTOS: MONIKA WEGLER
WHISKAS®

Inhalt

prprrrr
prrrrr r
prrrrrr
prrr prrr

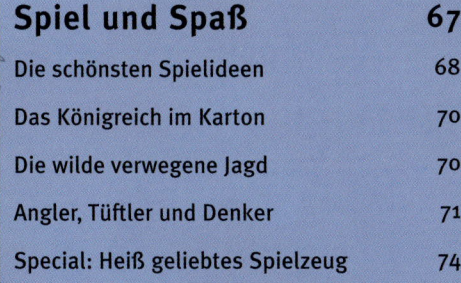

Mää..ao
Määä ao
OuMää
Mäao

Eine gute **Wahl**

Da ist es endlich! Schüchtern noch, auf wacke-
ligen Beinchen, aber neugierig auf alles und
jeden – das süßeste Kätzchen der Welt. Doch
unsere Geschichte vom großen Glück und dem
aufregenden Leben mit einem kleinen Katzenkind fängt schon viel früher an...

Eine Katze soll es sein!

Katzen sind unvergleichlich. Wo manche Tiere – Hunde zum Beispiel – ihrem Herrn ewige Gefolgschaft schwören, bleiben Katzen sich selbst treu und gehen im Zweifelsfall ihrer eigenen Wege. Wo andere Tiere die Nähe des Menschen nur dulden, lassen sich Katzen auf eine intensive Beziehung mit ihm ein. Aus eigenem Antrieb und aus freien Stücken. Eine Beziehung, die enger ist als die zu den eigenen Artgenossen. Katzen leben in zwei Welten. In Welten, die unvereinbarer nicht sein könnten. In der Menschenwelt, in der sie mit Überzeugung die Rolle des ewigen Kleinkinds spielen; in der Katzenwelt, in der sie beweisen, dass in ihnen noch das Blut ihrer wilden Vorfahren fließt.

Doch die Widersprüche im Leben der Katze existieren nur für uns, die Katze dagegen ist sich ihrer Sache immer sicher.

Katzen waren für den Menschen zu allen Zeiten ein Rätsel. Die alten Ägypter beispielsweise liebten, verehrten und vergötterten sie. Im Mittelalter wurden Katzen gehasst, verfolgt und verbrannt. Gleichgültig ließen sie uns jedenfalls nie. Heute ist die Katze eines unserer beliebtesten Heimtiere. Gründe dafür gibt es viele:

Karlchens Traum

Oh, wie Karlchen seine Geschwister beneidete! Sie durften in die herrliche Welt dort draußen. Nur er musste noch warten. Später, längst ein stattlicher Kater, erinnerte er sich an den Traum: Nein, nicht dort war er glücklich, sondern hier im Haus – bei den Menschen, die er liebte.

➤ Katzen gehen meist eine lebenslange Partnerschaft mit dem Menschen ein. Sie sind verständnisvolle Zuhörer, Spielgefährten, Seelentröster und Kumpel in allen Lebenslagen.

➤ Katzen bewundern wir wegen ihrer Schönheit und Eleganz.

➤ Katzen können Kindern die besten Freunde sein, lehren sie Verantwortung zu übernehmen und zeigen ihnen ihre Grenzen auf.

➤ Katzen sind selbstgenügsam. Sie können sich für lange Zeit mit sich selbst beschäftigen, ohne die ständige Nähe des Menschen zu fordern.

➤ Katzen verstellen sich nicht. Gefühle und Ansprüche zeigen sie immer deutlich und offen.

➤ Katzen sind ortstreu und häuslich. Den Platz, den sie zur Lebensmitte erklärt haben, behalten sie immer bei.

➤ Katzen stellen bescheidene Ansprüche an Unterbringung und Pflege.

➤ Katzen brauchen unsere Zuwendung und danken uns dafür mit Vertrauen und Anhänglichkeit.

➤ Katzen faszinieren uns durch ihre überaus interessanten Verhaltensweisen, die sich auch nach vielen tausend Jahren der Domestikation (Haustierwerdung) nicht von denen ihrer wild lebenden Vorfahren unterscheiden.

Klein oder doch lieber Groß?

Wer vom schönen neuen Leben mit Katze träumt, muss sich entscheiden: Möchten Sie eine erwachsene Katze oder lieber ein Kätzchen?

Das spricht für die erwachsene Katze:

➤ Sie ist den Umgang mit Menschen gewöhnt.

➤ Sie ist reinlich und kennt den Weg zu ihrer Toilette.

➤ Sie hat feste Futtergewohnheiten.

➤ Ihr Charakter ist bereits ausgeprägt.

Minni hat etwas Spannendes zum Spielen entdeckt. Ob das auch gut schmeckt?

➤ Sie behauptet sich gegenüber anderen Haustieren (Artgenossen oder Hund).
➤ Sie hat gelernt, zeitweise allein im Haus zu sein.
Je nach Vorgeschichte (Herkunft, Vorbesitzer) kann die neue Beziehung zu einer erwachsenen Katze in der ersten Zeit schwierig sein. Hier hilft nur Geduld und sehr viel Zuwendung.

Das spricht für ein Kätzchen:

➤ Es ist offen für alles und neugierig auf jeden.
➤ Es fordert und gibt viel Zuneigung und Wärme.
➤ Es gliedert sich schnell ins Familienleben ein.
➤ Es lässt den Menschen an der faszinierenden und immer aufregenden Katzen-Kinderzeit teilhaben.
➤ Es geht eine Bindung zum Menschen ein, die ein ganzes Katzenleben lang bestehen bleibt. Katzenkinder verlangen vor allem während der ersten Wochen sehr viel Nähe, Zuwendung und Pflege von ihrem Menschen. Daran sollten Sie vor dem Kauf denken.

Zwei, die sich mögen. Wer viel außer Haus ist, sollte besser zwei Katzen halten.

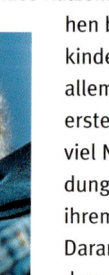

Katze kurz und knapp

Katzen lieben exakte Termine: pünktliche Fütterung, regelmäßige Schmuse- und Spielstunde, feste Zeiten für Siesta und Pirsch durchs Revier. Katzen verabscheuen Lärm, grelles Licht und scharfe Gerüche (Parfum, Zitrusduft).
Am Menschen schätzen sie Zuverlässigkeit und Nähe, leise Töne, sanfte Bewegungen und Berührungen.
Katzen werden schnell eifersüchtig. Fühlen sie sich vernachlässigt, zeigen sie auch unmissverständlich ihren Unmut. Ihr beleidigter kleiner Tiger kann dann beispielsweise den Teppich einnässen oder aber Ihnen einfach für eine ganze Weile das Hinterteil zukehren.
Das Gefallenwollen des Hundes ist Katzen fremd. Nicht Folgsamkeit, sondern Kooperation heißt das Zauberwort glücklicher Katze-Mensch-Beziehungen. Der gute Katzenmensch offeriert seiner Partnerin Mitmach-Angebote, die Entscheidung trifft sie.
Katzen gehen ungern auf Reisen. Noch weniger mögen sie einen Wechsel des Wohnorts, Veränderungen der vertrauten Umgebung („Möbelrücken") oder der Familienstruktur.
Katzen sind reinlich. Auf Unsauberkeit in ihrer Privatsphäre (Katzentoilette) reagieren sie mit Protest.

Sind Sie ein Katzenmensch?

		Ja	Nein
1	Lieben Sie eine penibel saubere Wohnung?	○	⊘
2	Hören Sie gerne laute Musik?	○	⊘
3	Sind Sie eher hektisch und nervös?	○	⊘
4	Stört Sie die Eigenwilligkeit einer Katze?	○	⊘
5	Haben Sie täglich nur wenig Zeit, um mit Ihrer Katze zu spielen?	○	⊘
6	Gehen Sie auch dann auf eine Party, wenn es Ihrer Katze schlecht geht?	○	⊘
7	Stört es Sie, wenn die Katze Ihnen lebende Mäuse mit nach Hause bringt?	○	⊘
8	Macht es Ihnen etwas aus, eine höhere Tierarztrechnung zu zahlen, wenn die Katze krank ist?	○	⊘
9	Stört es Sie, wenn Ihre Katze Sie nachts weckt?	○	⊘

9 x Nein: Sie sind der Traummensch für jede Katze! 7– 8 x Nein: Katzen gefällt es bei Ihnen. 5–6 x Nein: Sie geben Ihr Bestes, verstehen aber Katzen nicht richtig. Weniger als 6 x Nein: Von Katzen verstehen Sie wenig.

Welches Kätzchen für wen?

Damit es eine glückliche Entscheidung wird, sollten Sie sich über Ihre Erwartungen und Ansprüche an das Leben mit der jungen Katze klar sein. Die folgenden Entscheidungshilfen erleichtern Ihnen die Beurteilung.

Das Familienkätzchen

➤ Einstimmig dafür. Der Familienrat sollte den Kauf einer Katze nur dann beschließen, wenn alle dafür sind.

➤ Frei von Allergie? Vergewissern Sie sich, dass niemand in der Familie allergisch auf Katzen (Haare, Haut) reagiert.

➤ Schonzeit für Oma. Bedenken Sie, dass quirlige Jungkatzen ältere Menschen überfordern können.

➤ Neue Jobs. Klären Sie schon jetzt, wer welche Aufgaben bei Pflege und Versorgung der Katze übernimmt.

➤ Zuwendung und starke Nerven. In den ersten 4 bis 6 Wochen darf die kleine Katze nicht allein sein, darüber hinaus können die ersten Nächte unruhig werden.

➤ Katzen kosten Geld. Sind Sie finanziell in der Lage, 15 und mehr Jahre lang für eine Katze zu sorgen, ohne sich anderweitig einzuschränken?

18. Lebenswoche wichtig. Statt fünf Wochen Italien heißt es also: Urlaub für die Katze.

➤ Solo macht unglücklich. Auch nachdem sie sich eingelebt hat, sollte eine Katze nicht länger als 4 bis 5 Stunden täglich allein bleiben. Passt das in Ihre Tagesplanung?

➤ Catsitter auf Abruf. Im Urlaub, bei Geschäftsreise oder Krankheit muss die Katze versorgt werden. Klären Sie frühzeitig die Details (z. B. mit einen Catsitter).

➤ Nimm zwei! Nicht nur für Singles der richtige Tipp: Warum nicht gleich zwei Kätzchen (beispielsweise Wurfgeschwister)? Zwei machen kaum mehr Arbeit als eine, und man kann sie ohne Gewissensbisse ab und zu eine Stunde länger allein lassen.

Ein Kätzchen für Senioren

➤ Lebenslust. Für ältere Menschen beginnt mit der jungen Katze ein neues Leben mit Zärtlichkeit, Zuwendung, Verantwortung und Pflichten.

➤ Trauen Sie sich das zu? Jungkatzen sind oft hyperaktiv und fordernd. Sind Sie diesen Ansprüchen physisch und psychisch gewachsen? Empfehlung: Wählen Sie eine Katzenrasse mit geringerem Bewegungsdrang (→ Seite 16).

Schmusen mit ihrem Mensch lieben alle Katzen.

➤ Tierische Freunde. Falls es bereits Tiere im Haus gibt: Sind Sie sicher, dass die Jungkatze akzeptiert wird?

Ein Kätzchen für Singles

➤ Urlaub für die Katze. Sind Sie berufstätig? Dann gibt es ein kleines Problem: In den ersten Wochen können Sie Ihre junge Partnerin nicht allein lassen. Freunde und Bekannte als Betreuer sind keine Alternative. Für die Intensität der neuen Beziehung ist vor allem die Phase zwischen 12. und

Karlchen räkelt sich in der Hängematte. Hier lässt sich's gut ruhen.

➤ Fahrdienst. Tierärztliche Versorgung ist speziell für junge Katzen wichtig (u. a. wegen der Impfungen). Sind Sie selbst mobil, um die Katze zum Arzt zu bringen oder können Sie einen Fahrdienst organisieren?

➤ Sichere Zukunft. Im Falle, dass… Können Sie sicherstellen, dass Ihre Katze in gute Hände kommt, wenn Sie selbst nicht in der Lage sind, sie zu versorgen?

➤ Katze erlaubt? Planen Sie die Übersiedlung in ein Seniorenheim? Informieren Sie sich bitte vorab, ob Katzen dort willkommen sind.

Kinder und Katzen

Kinder lieben Katzen. Katzen lieben Kinder. Damit die Liebe keine Sprünge bekommt, müssen Kinder die Ansprüche ihrer Spielkameraden kennen. Katzen sind Kindern gegenüber meist sehr duldsam. Werden sie grob behandelt, ziehen sie sich zurück. Nur wenn das nicht möglich ist, setzen sie sich zur Wehr. Kleinkinder (bis etwa zum 2. Lebensjahr) sind tollpatschig. Sie sollten mit Katzen nur unter Aufsicht spielen. Älteren Kindern erklärt man, was tabu ist: die Katze schlagen, am Schwanz ziehen, ihr ins Gesicht greifen, sie beim Fressen und Schlafen stören oder gegen ihren Willen festhalten. Demonstrieren Sie

Gesund und munter

Fünf Punkte, auf die Sie beim Kauf einer jungen Katze achten sollten:

➤ 1. Das Kätzchen ist hellwach, verspielt und neugierig.

➤ 2. Es bewegt sich ohne Anzeichen von Lahmheit.

➤ 3. Seine Augen sind klar und glänzend, die Nickhaut (3. Augenlid) tritt nicht hervor, die Zähne sind weiß, die Ohren sauber und geruchsfrei, die Nase ist frei von Ausfluss, das Zahnfleisch rosa, der After nicht verklebt.

➤ 4. Das Fell ist dicht, nicht verfilzt oder struppig und hat keine Kahlstellen, die Haut ist frei von Schorf und Ausschlag.

➤ 5. Das Kätzchen wirkt wohlgenährt und hat einen kleinen Bauch. Ein stark aufgeblähter Bauch weist auf Wurmbefall hin.

Tipp

Kaufvertrag. Der Kauf einer Katze sollte mit einem Kaufvertrag geregelt werden. Hier wird das Tier beschrieben und der Kaufpreis genannt. Bei Rassekatzen sind Abstammungspapiere erwähnt. Eine Rücknahmeklausel kann vereinbart werden. Das Gewährleistungsrecht gilt 6 Monate.

Kindern, wie man Katzen streichelt, sie richtig hochhebt und woran man ihre Stimmung erkennt. Katzen eigenverantwortlich betreuen können Kinder ab etwa 7 Jahren.

Wo gibt's mein Traumkätzchen?

Ob vom Züchter, von Freunden oder aus dem Tierheim: Nehmen Sie sich vor der Entscheidung genügend Zeit, um Kätzchen und Elterntiere kennen zu lernen.

Züchter. Wer von einem Rassekätzchen träumt, für den ist der Züchter die erste Adresse. Anschriften in Katzenzeitschriften und Tageszeitungen, aber auch direkt bei den Katzenvereinen (→ Seite 78). Der seriöse Züchter begrüßt es, wenn Sie zum Schnupperbesuch kommen (ab 4. Lebenswoche der Kätzchen). Achten Sie darauf, dass die Katzen Familienanschluss haben, munter und aufgeschlossen sind, dass Futterschüsseln, Katzenkörbe, Wurfkisten und Katzentoiletten sauber und geruchsfrei sind. Die Kätzchen haben die wichtigsten Grundimpfungen (→ Seite 57) und werden mit etwa 12 Wochen abgegeben.

Freunde und Bekannte. Zu „rasselosen" Hauskätzchen kommt man meist durch Freunde und Bekannte, zum Teil auch über Zeitungsanzeigen. Auch hier gilt: Besuchen Sie Katzenmutter und Kinder vor dem Kauf oder der Schenkung. Nehmen Sie sich Zeit, die Kleinen zu beobachten. Am unterschiedlichen Temperament bekommt man schon jetzt Hinweise auf den späteren Charakter.

Tierheim. Im Tierheim findet man vorwiegend erwachsene und halbwüchsige Katzen, seltener Katzenkinder. Befürchtungen wegen verschleppter Krankheiten sind unbegründet: Alle Katzen stehen unter ständiger Kontrolle des Tierarztes.

Die Katzen werden mit Vertrag abgegeben. Der Abgabepreis liegt meist zwischen 100 und 250 Euro und hilft die Unkosten des Tierheims wie etwa Futter, Pflege und Medikamente zu decken.

Machen Sie sich schon vor dem Kauf mit dem Kätzchen Ihrer Wahl vertraut.

Haus- oder Rassekatze?

Rassekatzen haben einen so genannten Standard. Er definiert Aussehen und Charakterzüge der Rasse. Anders als bei Hauskatzen weiß man, welche Ansprüche Rassekatzen stellen. Lang- und Halblanghaarkatzen (Perser, Colourpoint, Maine Coon, Norwegische Waldkatze) brauchen mehr Fellpflege als Kurzhaarrassen (Siam, Burma, Russisch Blau, Kartäuser). Siam und Orientalisch Kurzhaar sind mitteilsam und temperamentvoll. Besser geeignet für Senioren: bedächtige Perser, sanfte Birma, zurückhaltende Kartäuser. Katzen, die wilde Kinderspiele akzeptieren: Maine Coon, Ragdoll, Norwegische Waldkatze. Sehr anhänglich: Abessinier, Siam, Türkisch Angora. Je nach Rasse und Prämierung der Zuchttiere auf Shows kostet der Nachwuchs zwischen 250 und 500 Euro, auch mehr. Sie haben zu wenig Zeit für pflegeintensive Rassen? Dann können Sie auch ohne Rasse glücklich werden. Hauskatzen sind pflegeleicht und unkompliziert; sie lieben Auslauf, freunden sich aber auch mit reiner Wohnungshaltung an; sie kosten

Gerade mal vier Tage alt ist dieser Winzling.

in der Anschaffung und im Unterhalt weniger als Rassekatzen.

Weiblich oder männlich?

Der kleine Unterschied macht bei Katzen keinen großen Unterschied. Ob Kätzin oder Kater, in beiden Geschlechtern gibt es sanfte und verschmuste Vertreter, aber auch Rabauken. Wünschen Sie sich für Ihre alteingesessene Katze ein Kätzchen als Partner, empfiehlt sich ein kleiner Kater. Der sollte – wie jede Katze, mit der nicht gezüchtet wird – vor der Geschlechtsreife kastriert werden (→ Seite 63).

Katzen-Kinderzeit
Geburt bis 12. Lebenswoche

Die wichtigsten Stationen im Leben eines Kätzchens:
➤ 63 bis 65 Tage nach der Paarung bringt die Mutterkatze ihre Jungen zur Welt. Die meist 3 bis 5 Kinder können verschiedene Väter haben (Mischwurf). Gesunde und erfahrene Mütter brauchen bei Geburt und Aufzucht keine Hilfe.

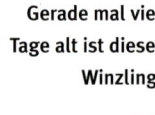

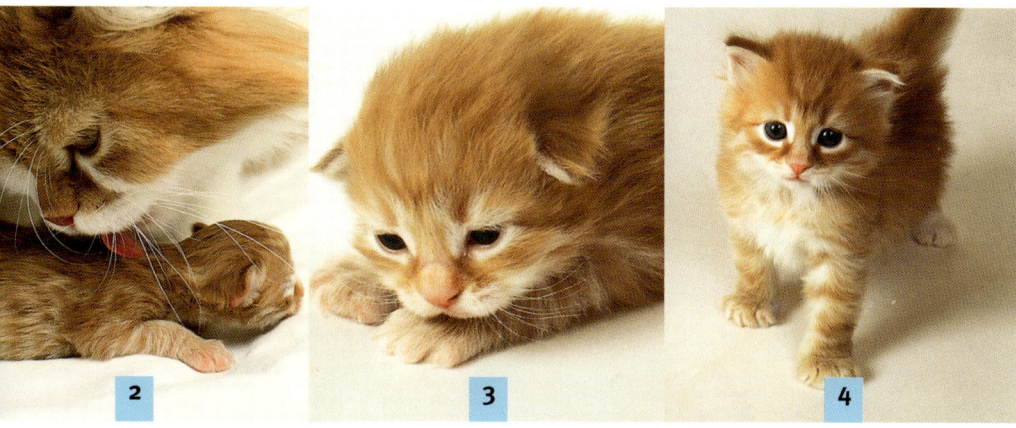

1 Noch völlig hilflos und blind. Doch die Zitzen der Mutter findet das Kleine auf Anhieb.

2 Liebevoll leckt die Mutter ihr Junges.

3 Zwei Wochen jung. Die Augen sind bereits geöffnet, nur mit dem Laufen klappt's noch nicht.

4 Mit vier Wochen kann die Welt erobert werden.

➤ Die Kätzchen sind zunächst hilflos und blind, finden aber selbstständig den Weg zur Milch spendenden Zitze.

➤ Zwischen dem 8. und 12. Tag öffnen sich die Augen der Kätzchen.

Tipp

Geimpft und entwurmt. Mit 12 Wochen sind Jungkatzen im richtigen Abgabealter. Die Mutter hat ihnen alles Wichtige beigebracht, die Neugier auf Neues ist jetzt groß. Die Kleinen sind entwurmt und gegen Katzenseuche und -schnupfen geimpft. Alle Impfungen werden im Impfpass eingetragen. Er begleitet die Katze ein Leben lang.

➤ Krabbeln lernen Kätzchen mit 16 bis 20 Tagen, Laufen mit 21 bis 25 Tagen, Springen in der 4. bis 5. Lebenswoche.

➤ Festes Futter wird mit 3 bis 4 Wochen akzeptiert; selbstständige Nahrungsaufnahme mit 8 Wochen.

➤ Erstes Benutzen der Katzentoilette ab 3. bis 4. Woche.

➤ Fellpflege von der 4. Woche an.

➤ Spielverhalten mit 4 bis 5 Wochen, Kampfspiele mit den Geschwistern etwa 2 Wochen später.

➤ Das Milchgebiss ist in der 8. Woche vollständig.

➤ Erstimpfungen zwischen 8. und 12. Lebenswoche.

➤ Trennung von der Mutter frühestens mit 10, besser erst mit 12 Wochen.

Hübsche Katzenkinder

Jung, süß und unschuldig. Wer kann da widerstehen? Welches Rassekätzchen ist Ihr Favorit: ein sanftes, schmuseweiches Perserküken, das wilde Siamkaterchen, die traumhaft schönen Abessinier-Zwillinge, eine stattliche Norwegische Waldkatze oder gar die exotische Bengal?

Energiebündel

Waldkatze & Siam

Nix wie raus! Norwegische Waldkatzen sind Outdoor-Freaks. Auslauf ist Pflicht – zumindest auf dem Balkon. Stattlich, robust, single- und familientauglich. Siamkatzen sind Energiebündel und Herzensbrecher. Mit Garantie für eine intensive, manchmal anstrengende Beziehung.

Perser

Perserkatzen sind ruhig, sanft und bewegen sich eher bedächtig. Viele Farbschläge von Schwarzweiß und Chocolate bis zu Chinchilla und Schildpatt. Das Langhaarfell verfilzt, wenn es nicht gepflegt wird. Ideal für die Wohnung. Tiere mit stark verkürzter Nase haben Gesundheitsprobleme.

Kuschelmonster

Hauskätzchen

Klasse auch ohne Rasse: Sie erobern unsere Herzen im Sturm, auch ohne Stammbaum. Neun von zehn Katzenkindern sind normale Hauskatzen. Oft weiß man nicht einmal, wer ihr Vater ist. An Lebendigkeit, Charme und Selbstbewusstsein stehen sie ihrer adligen Verwandtschaft in nichts nach.

Abessinier

Sie sind ein Traum, wunderschön, hellwach und aktiv. Abessinier haben drei Leidenschaften: Spielen, spielen, spielen. In der Wahl des Lieblingsmenschen sind sie heikel und bleiben Fremden gegenüber reserviert. Perfekte Partner für Senioren, die Katzen viel Zeit widmen können.

Bengal & Kartäuser

Das Tüpfelfell der Bengalkatze ähnelt dem von Wildkatzen. Die Kätzchen sind erst mit einem Jahr ausgefärbt. Freundlich und sanft. Offiziell heißt sie Britisch Kurzhaar Blau, wird aber meist Kartäuser genannt. Unverwechselbar: hellgrauer Teddypelz und orangefarbene Augen.

Sweetheart

Burma & Maine Coon

Sie ist intelligent, lernfreudig und kinderlieb. Eine Burma findet sich überall zurecht, in der Familie, bei Singles und Senioren. Die Maine Coon ist die Riesin unter den Rassekatzen: Kater wiegen bis 10 kg. Üppiges Fell, buschiger Schwanz. Spätentwickler mit unabhängigem Charakter, liebt Auslauf.

iaa
ao
u iaa
ao
u

Herzlich **willkommen!**

Tag eins mit dem Kätzchen der Träume. Zurückhaltung und Staunen auf beiden Seiten. Unsicherheit bei uns, ob wir alles richtig machen. Angst vor der fremden Welt bei dem Winzling mit den großen Augen. Keine Angst, kleine Katze, du gehörst jetzt zur Familie!

Ein Königreich für ein Kätzchen

Eine Katze verändert Ihr Leben, Ihren Alltag, Ihre Ansichten. Auch Ihre Wohnung. Das Kätzchen wird Teil Ihres Lebens. Es muss sein neues Zuhause von Anfang an akzeptieren und sich heimisch fühlen. Sie haben das schon vor dem Kauf bedacht? Ein dicker Bonuspunkt für den wahren Katzenfreund! Und es macht auch Spaß, alles so zu planen, dass ein kleines Königreich auf die Katze wartet.

Grundausstattung

Die Grundausstattung berücksichtigt die elementaren Bedürfnisse der Katze und darf auch in der kleinsten Wohnung nicht fehlen. Unverzichtbar sind:
➤ Futter- und Wassernapf. Gibt es aus Kunststoff, Edelstahl und Keramik. Wichtig: kippsicher. Eine Gummiunterlage verhindert, dass Plastiknäpfe wegrutschen.
➤ Katzentoilette. Am besten aus leicht zu reinigendem Hartkunststoff. Wählen Sie ein nicht zu kleines Modell. In Toiletten mit Haube können sich Gerüche stauen, was nicht von jeder Katze akzeptiert wird. Toilette in ruhiger Ecke aufstellen, beim Gang aufs Örtchen mögen Katzen kein Publikum.

Kleine mutige Katze

Hier war sie sicher. Unters Bett würden die lärmenden Menschen nicht kriechen. Jetzt schoben sie ihr Wasser und Futter hin. Das tat gut. So übel war es wohl doch nicht! Minka fasste sich ein Herz und beschloss, ihr Versteck zu verlassen und ihrer neuen Familie 'Guten Tag' zu sagen.

Die Toilette muss immer zugänglich sein.

➤ Ruheplatz. Katzenkorb, Katzensofa oder Schmusedecke im Bücherregal – machen Sie der Katze mehrere Angebote für ihr kleines Privatreich. Auf waschbare Polster, Kissen und Decken achten.

➤ Kratzbaum. Fürs körperliche und psychische Wohlbefinden wichtiger Fitness- und Spielspaß-Parcours. Verhindert Krallenschärfen an Teppich und Sessel. Wo Stellfläche für einen Baum fehlt, muss es mindestens ein Kratzteppich oder sisalumwickelter Kratzbalken sein. Wichtig ist, daß der Kratzbaum standfest ist und nicht wackelt, wenn die Katze an ihm hochklettert.

Peterchen vergnügt sich mit dem Blumentopf. Das wird sein Frauchen aber gar nicht mögen.

➤ Katzengras. Katzen fressen Gras, um die beim Fellsäubern verschluckten Haare auszuscheiden. Katzengras bewahrt davor, dass Zimmerpflanzen angeknabbert werden. Grasschälchen gibt's im Zoohandel.

➤ Transportbox. Für Reise und Tierarztbesuch. Stabiler, abwaschbarer Kunststoffbehälter mit großer Öffnung oben.

➤ Kamm, Bürste, Noppenhandschuh. Zur Fellpflege. Ohne geht's nicht bei Lang- und Halblanghaar-Rassen.

Wohlfühl-Ausstattung

Natürlich wollen Sie Ihrer Katze mehr bieten als nur das Nötigste. Das gehört zur Wohlfühl-Ausstattung:

➤ Katzen-TV. Am Leben draußen teilhaben ist wie Fernsehen. Man kann zum Beispiel die Vögel beobachten. Am Fensterplatz (bitte mit Polster) verbringen manche Katzen den ganzen Tag. Schmale Fensterbänke kann man verbreitern. Im Fachhandel werden fertige Vorrichtungen angeboten. Die Topfpflanzen müssen leider auswandern.

Katzen suchen sich Kuschelplätzchen am liebsten selbst.

➤ Urlaub auf Balkonien. Frischluft und Sonne auch bei Abwesenheit des Besitzers: Ein Balkon macht's möglich. Wichtig: mit Katzennetz sichern (→ Seite 24).

➤ Spielkiste. Katzen spielen für ihr Leben gern – ein Leben lang. Geeignetes Spielzeug: Stoffmaus, Tischtennisball, Angelspiel, Katzenminze-Kissen, Kartons zum Verstecken und Beknabbern. Ungeeignet: Wollknäuel (Verheddern), kleine Objekte, die verschluckt werden können. Lieblings-Spielpartner: der Mensch.

➤ Hochsitz. Draußen wie drinnen bevorzugen Katzen „strategische" Hochsitze. Von hier aus haben sie Kontrolle über alles, was rund herum passiert. Machen Sie den Überblick möglich: im Regal oder auf dem Schrank. Inklusive Kletterhilfen.

➤ Treppen und Laufstege. Wer seiner Katze ein De-Luxe-Heim bieten will, verbindet Katzentreppen und Schrägbalken mit Laufstegen (an Wänden, auf Schränken oder in Regalen) zum Abenteuerspiel- und Sportplatz.

➤ Knabberpflanzen. Daran dürfen Katzen knabbern: Ackerminze, Baldrian, Thymian, Goldmelisse, Großblütige Nachtkerze, Katzenminze, Zitronenmelisse, Zyperngras.

Frei zugängliche Medikamente sind lebensgefährlich für Katzen.

Gefährliche Pflanzen

Eine Reihe von Zimmer- und Gartenpflanzen ist für Katzen giftig. Anzeichen für eine Vergiftung können sein: starkes Speicheln, Erbrechen, Durchfall, Krämpfe, Apathie, Bewusstlosigkeit.

➤ Adlerfarn, Adonisröschen, Azalee

➤ Becherprimel, Buchsbaum, Buschwindröschen

➤ Christdorn, Dieffenbachia, Efeu, Eisenhut

➤ Feuerbohne, Fichte, Fingerhut

➤ Gartenwolfsmilch, Gefleckter Schierling, Ginster, Goldregen, Grünlilie

➤ Hahnenfuß, Herbstzeitlose, Hundspetersilie, Hyazinthe

➤ Kalla, Kartoffelkraut, Korallenbäumchen

➤ Leberblümchen, Lupinie, Maiglöckchen, Mistel, Narzisse

➤ Oleander, Osterluzei, Pfaffenhütchen, Philodendron

➤ Rhododendron, Rittersporn, Rizinus, Robinie

➤ Schachtelhalm, Schleierkraut, Schneeglöckchen, Schöllkraut, Schwarzer Nachtschatten, Seidelbast, Stechapfel

➤ Tabak, Tanne, Tollkirsche, Tomate, Trollblume

➤ Weihnachtsstern, Weißer Germer, Wiesenküchenschelle, Wunderstrauch, Wurmfarn, Zwergholunder

Hinweis: Erkundigen Sie sich vor dem Kauf einer Pflanze, ob sie für Katzen giftig ist.

Aktion 'Katzensichere Wohnung'

Katzen inspizieren regelmäßig ihr Revier. Drinnen wie draußen. Alles wird untersucht, alles ergründet. Das bringt vor allem Katzen, die allein in der Wohnung sind und sich langweilen, nicht selten in gefährliche Situationen. So wird Ihre Wohnung katzensicher:

➤ Kippfenster. Die Verlockung ist groß: Das Fenster steht auf Kippe, und die Katze möchte nach draußen. Also zwängt sie sich durch den Spalt. Oft bleibt es beim Versuch, sie bleibt hängen und kann sich nicht mehr befreien. Grundsätzlich alle Fenster schließen, bevor man das Haus verlässt. Sicherungen für Kippfenster sind im Fachhandel erhältlich.

➤ Messer, Nadel, Schere. Katzen interessieren sich für alles, was frei herumliegt. Spitze und scharfe Gegenstände gehören nach Gebrauch in Schublade oder Schrank zurück.

➤ Waschmaschine. Dunkle Höhlen ziehen Katzen magisch an. Und die weiche Wäsche in der offenen Waschmaschine verführt zum Nickerchen. Kontrolle vor jedem Waschgang ist angesagt.

➤ Heißer Herd. Sind Herdplatten oder Kochfelder in Betrieb (Restwärme nach Abschalten!), haben Katzen nichts in der

Küche verloren. Bei eingeschaltetem Bügeleisen, offenem (Kamin-) Feuer und brennenden Kerzen nur unter Aufsicht.
➤ Giftige Substanzen. Desinfektions-, Frostschutz- und Reinigungsmittel sind für Katzen lebensgefährlich. Ebenfalls unzugänglich aufbewahren: Alkohol und Medikamente (z. B. das für Katzen hochgiftige Aspirin).
➤ Plastiktüten verführen zum Hineinkriechen. Verheddert sich die Katze, besteht Erstickungsgefahr.
➤ Balkon. Katzen bewegen sich auch auf dem schmalen Balkongeländer scheinbar traumwandlerisch sicher. Doch das schützt nicht vor dem Absturz. Sichern Sie Ihren Balkon mit einem Katzennetz.

24 Stunden, auf die es ankommt

Der Fahrplan für den wichtigen ersten Tag mit Ihrem neuen Familienmitglied liegt natürlich schon fest. Vorfahrt hat heute allein das Katzenkind.

Große Reise für eine kleine Katze

Für das Kätzchen bricht eine Welt zusammen. Plötzlich sind Mutter, Geschwister und vertraute Umgebung nicht mehr da.

Tipp

Ungefährlicher Knabberspaß. Darauf fahren Katzen ab: Ackerminze, Baldrian, Echter Thymian, Feldthymian, Goldmelisse, Großblütige Nachtkerze, Katzenminze, Mutterkraut, Wasserminze, Zitronenmelisse und Zyperngras. Alles kann im Garten oder im Topf gepflanzt werden.

So lässt sich der Trennungsschmerz lindern: Holen Sie die Katze zu zweit ab. Während der Rückfahrt sitzt sie in einem kleinen Korb oder Karton auf dem Schoß der zweiten Person. Die vertraute Wolldecke spendet Wärme, eine Gummimatte darunter schützt vor „Geschäftsproblemen". Bei niedrigen Außentemperaturen Autoheizung hochdrehen.

Ruhe nach dem Sturm

Jeder ist neugierig auf den kleinen süßen Fratz. Das ist verständlich und natürlich. Für das Kätzchen ist das zu viel, und schon ist es unter dem Schrank verschwunden. Lassen Sie die Kleine nur, wo sie ist! Sie braucht jetzt Ruhe. Futter und Wasser in Reichweite platzieren, Toilette in eine Zimmerecke stellen, Schmusedecke neben die

Heizung legen und dann bitte den Raum verlassen. Hat sich die Lage beruhigt, sondiert die Katze das unbekannte Terrain, nimmt vielleicht ein Häppchen zu sich und schläft schließlich übermüdet ein. Danach steht einer ersten Annäherung nichts mehr im Weg.

Nachts zählt Nähe

Vor allem nachts fühlt sich die kleine Katze mutterseelenallein. Stellen Sie den Katzenkorb neben Ihr Bett. Wärme tut gut und macht müde: Legen Sie eine Wärmflasche unter die Decke im Korb. Ein vernehmlich tickender Wecker wirkt beruhigend. Wer die Katze nicht auf Dauer im Schlafzimmer dulden will, muss sie rechtzeitig (spätestens nach einer Woche) umquartieren.

Kleine Katze, kleiner Hunger

Der Magen eines 12 Wochen alten Kätzchens ist kaum größer als Ihr Daumennagel. Die Tagesration wird deshalb in den ersten Monaten auf fünf Mahlzeiten verteilt, anfangs gibt's alle zwei Stunden ein Häppchen im Näpfchen. Am besten ein spezielles Fertigfutter für Katzenkinder, das auf ihren besonderen Vitamin- und Mineralstoffbedarf abgestimmt ist.

Sauber von Anfang an

Mama ist die beste Lehrmeisterin. Von ihr wissen die meisten Katzenkinder, wie man eine Katzentoilette benutzt. Am neuen Besitzer liegt es, ob die gute Erziehung Früchte trägt. Schon am ersten Tag lernt das Kätzchen, wo seine Toilettenkiste steht (hineinsetzen, loben, streicheln). Vergisst sich die kleine Katze in den ersten Tagen einmal irgendwo anders, niemals schimpfen oder gar schlagen. Reinigen Sie die Stelle mit lauwarmem Wasser ohne Zusatz scharf riechender Reinigungsmittel. Die irritieren die Katze und können zur Wiederholungstat verleiten. Wird Unsauberkeit zum echten Problem, muss man nach den Ursachen forschen (→ Seite 34).

Mmmhh, hier riecht's aber lecker.

Das macht Katzen glücklich

Katzen legen Wert auf ihr kleines Privatreich. Die katzengerechte Ausstattung inklusive. Pflicht sind Schlafkorb, Futter- und Wassernapf, Toilette und Transportbox, Spielzeug und Kratzplatz. Viel Aufwand kostet es nicht, seinem Wohnungstiger eine Traumwelt zum Wohlfühlen zu schaffen.

süße Träume

stille Orte

Transport & Geschäft

Katzen verreisen ungern. Wenn's denn sein muss – etwa zum Tierarzt – dann bitte in der stabilen Transportbox. Die ist stoßfest, leicht zu säubern und hat eine große Dachöffnung. Die wichtigsten Regeln für die Katzentoilette: ruhiger Standort, penible Sauberkeit und immer frische Einstreu.

Fein schmecker

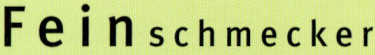

Napf & Schlafplatz

Jede Katze hat ihre eigenen Futter- und Wassernäpfe. Möglichst aus schwerer Keramik oder Edelstahl. Vorteile: standfest, leicht zu säubern. Katzenschlafmöbel gibt es in vielen Variationen. Ob Korb, Bett, Höhle, Matte oder einfach nur ein Karton mit einer Decke: Hauptsache kuschelig und bequem.

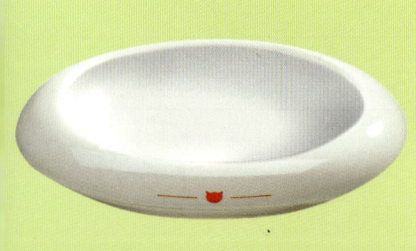

Entspannun

aus **die Maus**

Halsschmuck

Spielen & Spazieren

Katzen brauchen Beschäftigung.
Manche gehen gesittet mit Leine
und Halsband spazieren, andere
halten sich durch die Pirsch auf
Spielmäuse fit. Noch mehr Spaß
macht allerdings die Spielstunde
mit dem Menschen, wenn man zum
Beispiel nach einem Federwedel
angeln darf.

Massage & mehr

Flohkamm und Massage-Pad
gehören neben Bürste und Kamm
zum obligaten Pflegezubehör bei
allen Katzen. Mit dem Flohkamm
lassen sich unliebsame Fellschma-
rotzer beseitigen, der Gumminop-
penstriegel fördert die Durchblu-
ung der Haut und entfernt abgestorbene Haare.

Fellkosmetik

Grünzeug & Kratzplatz

Katzengras räumt den Katzenmagen auf und erleichtert die Abgabe
verschluckter Haare. Das Gras gibt
es fix und fertig im Fachhandel.
Nur angefeuchtet werden muss es
noch. Ein Platz zum Krallenschärfen darf nie fehlen. Kratzbaum
und Kratztrommel sind auch wun-
derbare Abenteuerspielplätze.

Spielplätze

Miaauu
Miaa
uuMia
auu
Miaau

Traumstart
ins Katzenglück

Zum Katzenglück gehört nicht viel: ein bisschen Zärtlichkeit für die Seele, ein wenig Futter für den Magen, ein warmes Plätzchen für die müden Glieder, ein kleines Spiel für die Lust am Laufen und Springen. Der Traumstart ins Katzenglück – bestimmt keine Hexerei.

Zeit für Zärtlichkeit

„Für den Hund kommt zuerst der Mensch, für die Katze ihr Zuhause." Eine immer noch verbreitete Ansicht. Die nicht stimmt und nie gestimmt hat. Katzen nehmen von einer Wohnung Besitz, richten sich häuslich ein, schätzen die vertraute Umgebung. Doch die Qualität ihres kleinen Heimatplaneten steht und fällt mit der Oberkatze. Ist der geliebte Zweibeiner nicht da, hilft auch das tollste Ambiente nicht. Davon kann jeder ein Lied singen, der nach drei Wochen Urlaub einer struppigen, verstörten und beleidigten Primadonna gegenüberstand. Katzen verzichten eher auf eine Mahlzeit als auf die Tagesdosis Zärtlichkeit. Dass man mit sanften Streicheleinheiten auch die Schnellstraße zum Herzen eines kleinen Kätzchens nimmt, muss nicht extra betont werden.

Die Katze im Paradies

Er hatte das große Los gezogen! Sein neues Frauchen erfüllte jeden Wunsch schon, bevor er ihn anmeldete, die Wohnung war zauberhaft groß und hell und mit Max, dem Bobtail, vertrug er sich blendend. Selig kuschelte sich Frankie in seine Schmusedecke und schlief ein.

Schmusekurs für Einsteiger

Dezente Kontaktangebote werden gerne entgegengenommen: den Handrücken vor die Wange halten, die Katze vorsichtig auf den Schoß nehmen, unterm Kinn kraulen, sanft über den Rücken streichen. Die Entscheidung, ob, wann und wie geschmust wird, trifft – wie immer – die Katze. Die individuellen Unterschiede sind groß: Die eine mag's hinter den Ohren, die andere reagiert allergisch auf Bauchkraulen, die dritte liebt derbes Knuffen. Mancher Schmusetiger holt sich seine Zärtlichkeitsdosis selbst ab: mit Köpfchengeben, Wangen- und Flankenreiben. Steht einer Katze der Sinn nicht nach Nähe, verabschiedet sie sich oder legt eine Pfote auf Ihren Arm: „Schluß mit Schmusen!" Wer auch zuckende Schwänze und zurückgelegte Ohren missachtet, ist beim Krallentest dabei. Den besteht unsere dünne Haut selten. Kinder müssen diese Warnsignale kennen, bevor sie mit Katzen spielen. Für jüngere Kinder übrigens gar nicht selbstverständlich: Katzen nie gegen den Fellstrich streicheln!

Was Katzen glücklich macht

Katzen sind anpassungsfähig. Sie arrangieren sich mit hektischen Großfamilien, tollpatschigen Kleinkindern und nervenden Nachbarhunden, kommen im Einzimmer-Appartement genauso zurecht wie auf dem Bauernhof. Es braucht nur wenig, um sie glücklich zu machen.
Das mögen Katzen:
➤ Feste Termine. Ruhe-, Fütterungs-, Pirsch- und Spielzeiten halten sie auf die Minute ein. Keine Angst, Ihr Kätzchen erzieht Sie schon zur Pünktlichkeit!
➤ Ordnung. Alles bitte an seinem Platz. Ständiges Möbelrücken macht eine Katze nervös. Die gewohnte Umgebung gibt Sicherheit.
➤ Privates Katzenreich. Bitte respektieren Sie die Intimsphäre Ihrer Katze: möglichst keine Störungen an Schlafplatz, Futternapf und Toilette.
➤ Ungeteilte Liebe. Beim Anspruch an den Menschen akzeptiert die Katze keine Kompromisse: Platz 1 und sonst nichts! Konkurrenz (Baby, neuer Lebenspartner, Hund, Katze) macht eifersüchtig. Die Lösung: viel Geduld, viel Fingerspitzengefühl und sehr viel Zuwendung.

Katzen sind neugierig. Da macht Serafina keine Ausnahme. Ob sie ein Leckerli findet?

➤ Beschäftigung. Wer spielt und sich beschäftigt, kommt nicht auf dumme Gedanken. Das gilt vor allem für Katzen, die zeitweise allein sind.

➤ Katzenfutter. Fertigfutter in vielen Geschmacksrichtungen stellt auch verwöhnte Leckermäuler zufrieden.

Das macht das Katzenglück komplett

➤ Ein offenes Haus ohne verschlossene Zimmertüren. Tabuzonen für die Katze (Schlafzimmer, Bad) bitte konsequent und von Anfang an beibehalten.

➤ Nischen und Ecken, in die sich eine Katze zurückziehen kann.

➤ Sperrgebiete für Raucher.

➤ Verschiedene Klimabereiche (mit Wärmeinseln) in Wohnung oder Haus.

Harmonie von Anfang an

War Ihre Wohnung bisher eine „tierfreie Zone"? Dann ist alles einfach: Im Handumdrehen wird sie zum Königreich für ein Kätzchen. Nicht selten aber gibt es bereits Revierbewohner mit verbrieften Rechten. Dann müssen Kompromisse her, und der Hausherr sorgt bitte dafür, dass niemand vernachlässigt wird.

Katzen mögen es gar nicht, ...

➤ ... wenn sie zu lange allein sind.

➤ ... wenn sie Lärm und laute Musik ertragen müssen.

➤ ... wenn die Wohnung verraucht ist.

➤ ... wenn scharf riechende Reinigungsmittel ihre Nase beleidigen.

➤ ... wenn man sie während der Siesta oder beim Fressen stört.

➤ ... wenn ihre Toilette unsauber ist.

➤ ... wenn sie baden sollen oder sonstwie mit Wasser in Berührung kommen.

➤ ... wenn sie angestarrt werden, weil das unter Katzen eine Bedrohung ist.

➤ ... wenn ein Zappelphilipp mit hektischen Bewegungen ihre innere Ruhe stört.

Tipp

Auch wenn sich Kanarienvogel, Meer-
schweinchen oder Zwergkaninchen gut mit
der Katze verstehen, müssen sie sich in ein
„katzenfreies" Revier zurückziehen können.
Sonst stehen sie auf Dauer unter Stress.
Stellen Sie Vogel- und Kleintierkäfig auf,
wo die Katze keinen direkten Zugang hat.

So klappt es mit Kätzchen, Katze und Hund

Überschwängliche Begeisterung kann man
nicht erwarten, wenn ein Katzenkind in
eine Katzenwohnung kommt. Vor allem
ältere Katzen (und speziell die Katzenda-
men), die lange allein gelebt haben, verbit-
ten sich die Revierbesetzung durchaus
auch „handgreiflich". Katzen zumindest
am Ankunftstag (eventuell länger) getrennt
in Nachbarzimmern unterbringen. Sie sollen sich riechen und hören, aber nicht
sehen können. Hat sich der schlimmste
Groll gelegt, unter Aufsicht beschnuppern
lassen. Es dauert geraume Zeit, bis die
Ältere ihre Distanz aufgibt. Motto und
Methode: getrennt von Tisch und Bett. Jede
hat ihren Ruhesitz, ihre Futter- und Wasser-
schüssel und die eigene Toilette – möglichst nicht im gleichen Zimmer. Ein junger
Wirbelwind kann eine alte Katze ziemlich
nerven. In der ersten Zeit ist ihr Lieblings-
plätzchen daher Sperrgebiet für ihn. Nicht
selten sind zwei erst wie Feuer und Wasser,
später ein Herz und eine Seele. Sie schlafen zusammen in einem Korb, putzen sich
gegenseitig mit Hingabe, fressen aus einem
Napf, spielen zusammen und schauen sich
vom Fenster aus gemeinsam das Fernseh-
programm auf der Straße an.

Bei Hund und Katze kann
von Erbfeindschaft keine
Rede sein: Erst guckt er
erstaunt, dann kümmert er
sich hingebungsvoll um den
kleinen Tollpatsch, schleckt
ihn sauber, lässt ihn sein
Lieblingsfutter kosten und
behütet fürsorglich seinen
Schlaf. Sprachprobleme
sind schnell ausgeräumt,
weil jeder sich um den anderen bemüht und ihn ver-
stehen will. In vielen Hun-
den weckt ein Katzenkind Beschützer-
instinkte. Das Kleine darf sich Frechheiten
erlauben, die für jeden sonst böse Folgen
hätten. Trotzdem und schon wegen des
Größen- und Kräfteungleichgewichts die
beiden anfangs immer nur unter Aufsicht
zusammen spielen lassen.

**Zwei, die sich
besonders gut
verstehen.**

Katzen-Kinderzeit

12. Woche bis 1. Jahr

➤ Mit der 12. Lebenswoche ist das Kätzchen von der Mutter entwöhnt: der richtige Zeitpunkt zum Umzug in ein neues Zuhause.

➤ Zwischen 12. und 18. Woche sind Lernbereitschaft und -fähigkeit der jungen Katze besonders ausgeprägt. Erziehungsversuche bringen jetzt die besten Erfolge.

➤ In der 12. bis 16. Woche Tollwutimpfung und Wiederholungsimpfung gegen Leukose, Katzenseuche und Katzenschnupfen (→ Seite 57).

➤ Schon das neugeborene Kätzchen wurde entwurmt. Ab jetzt gilt: viermal jährlich eine Wurmkur (→ Seite 55).

➤ Im Alter von 3 bis 4 Monaten wird die Jungkatze 3- bis 4-mal pro Tag gefüttert, mit 5 bis 6 Monaten 2- bis 3-mal und ab dem 7. bis 9. Monat 2-mal täglich.

➤ Zwischen 5. und 7. Monat werden die Milchzähne vollständig durch das bleibende Gebiss ersetzt.

➤ Mit 7 Monaten kann die Kätzin erstmals rollig werden. Geschlechtsreife beim Kater: zwischen 8. und 11. Lebensmonat. Jetzt sollten Sie den Kastrationstermin vereinbaren (→ Seite 63).

➤ Spätestens mit 12 Monaten ist aus dem Kätzchen eine Katze geworden, sie ist erwachsen. Glückwunsch zum 1. Geburtstag!

Die Katzen-Kinderschule

1

Einfacher als jetzt wird's nie mehr! Das sollten Katzenfreunde bedenken, wenn sie ihrem Kätzchen Unarten durchgehen lassen. In den ersten gemeinsamen Wochen legt man den Grundstein für eine harmonische und stressfreie Beziehung.

➤ Betteln. Lassen Sie sich nicht erweichen! Gefüttert wird grundsätzlich nur im Napf. Fütterungszeiten strikt einhalten.

➤ Blumenknabbern. Katzengras anbieten. Uneinsichtige Pflanzenfreunde mit der Wasserpistole vertreiben.

➤ Unsauberkeit. Ruhigeren Platz für die Katzentoilette wählen, häufiger reinigen, Einstreu wechseln. Organische Ursachen vom Tierarzt ausschließen lassen. Unerwünschte Löseplätze reinigen, mit Plastikfolie abdecken, am besten unzugänglich machen. Blumenerde in Pflanzenschalen, die fürs „Geschäft" benutzt werden, mit Steinen abdecken.

➤ Krallenschärfen. Ohne Kratzbraum oder Kratzbrett geht es nicht. Krallenwetzen an Möbeln oder Sesseln sofort unterbinden,

1 Erst mal schau-en, ob die Luft rein ist.

2 Dann hinauf auf den Baum. Doch wie?

3 Klettern nach oben klappt recht gut, aber runter ist es schwierig.

4 Ach was, ein mutiger Sprung und schon hat man wieder Boden unter den Pfoten.

Katze hochnehmen und an Kratzbaum set-zen. Wird er nicht angenommen, mit Kat-zenminze einreiben.

➤ Aggressivität. Manche Katzen kennen die Grenze zwischen Spiel und Ernst nicht:

Sie beißen und setzen die Krallen ein. Überschüssige Energie auf „Beutetiere" (wie zum Beispiel Stoffmaus) umleiten. Attacken eventuell mit Wasserpistole stop-pen. Jungkatzen reagieren nicht selten aus Überängstlichkeit angriffslustig: Hier muss man behutsam Vertrauen herstellen.

Tipp

Katze ins Bett? Darf sie oder darf sie nicht? Eine Glaubensfrage. Die Entscheidung liegt allein bei Ihnen. Wenn Sie es grundsätzlich nicht möchten, dann bitte auch nie aus-nahmsweise! Zuerst erlauben und später ver-bieten, gibt unter Garantie Ärger und Pro-test. Angst vor Ansteckung? Keine Bedenken bei gesunder Katze.

Haus oder raus?

Die Frage ist fast so alt wie die Partner-schaft zwischen Mensch und Katze: Brau-chen Katzen Ausgang? Und: Leiden Sofa-tiger? Anders als der Hund ist die Katze kein Lauftier. Bewegung ja, aber bitte kei-nen Langstreckenlauf. Was Katzen brau-chen, klappt auch im Haus: Spiel und Beschäftigung. Das hält fit, trainiert die

Körperkoordination und fordert „Köpfchen". Auch die Wohnungsgröße ist nicht
das Maß der Dinge. Viel wichtiger ist eine
abwechslungsreiche Struktur mit Nischen
und Ecken, Hochsitzen und Aussichtsplät-
zen. Stimmt das alles, und der Mensch hält
den täglichen Spieltermin gewissenhaft
ein, fehlt Wohnungskatzen gar nichts. Und
die Gefahren des Straßenverkehrs sind
weit weg. Schön zu wissen.

Lust auf Leine?

Katze und Leine: Die große Liebe wird es
selten. Die besten Chancen hat man beim
ganz jungen Kätzchen. Mit einfachem Halsband beginnen. Wird das geduldet, zum
Brustgeschirr wechseln. Erst dann Leine
befestigen. Ohne Geduld und Wiederho-

Tipp

**Katze im Recht. Eine frei laufende Katze darf
ohne jede Einschränkung auch durch Nach-
bars Garten marschieren, urteilen die Ge-
richte. Und wenn sie sich dort einmal auf
dem Rasen verewigt oder im Blumenbeet
buddelt, ist das kein Grund, ihr den Auslauf
zu verbieten. Kinderspielplätze hingegen
sind für Katzen tabu.**

lung geht nichts, Katzen lassen sich nicht
zwingen. Kurzhaarkatzen wie Siam, Burma
und Russisch Blau freunden sich am ehes-
ten mit der Leine an. Frühe Gewöhnung ans
Halsband zahlt sich später beim Flohhals-
band aus.

Auslauf ohne Angst

Katzen sind eigenständige Wesen. Draußen vor der Tür kümmern sie sich kaum um
Verbotsschilder. In unmittelbarer Nähe viel
befahrener Straßen ist die Wohnungshaltung garantiert die gesündere Alternative.
Wer einen Garten hat, kann ihn mit etwas
Aufwand so umzäunen, dass die Katze auf
dem Gelände bleibt.
Eine Veranda lässt sich natürlich leichter
sichern. Zwei bis drei erhöhte Sitzplätze,
von denen die Katze ihr Reich überblicken
kann, regensicherer Unterschlupf und
Spielangebote (zum Beispiel ein Angelspiel) machen den Garten zum Lieblingsre-
vier. Dann wandert Ihre Katze kaum noch
in gefährliche Außenbezirke. Eine Katzen-
klappe in Hintertür oder Kellerfenster sorgt
für freien Zugang zum Haus. Gibt es auch
mit Magneterkennung, die fremde Katzen
abweist. Übrigens: mit Manschetten (aus
dem Gartencenter), die um die Baumstäm-
me gelegt werden, schützen Sie Brutvögel
im Garten vor der Katze.

Eines jedoch macht keine lange mit: zu ständig wechselnden Zeiten allein gelassen zu werden. Unweigerliche Folge: Protest. Für mehr als sechs Stunden die Solo-Katze spielen, darf auch nicht sein. In diesem Fall gibt's nur eine Alternative: Die zweite Katze muss her.

Katzen lieben einen abwechslungsreich gestalteten Garten mit Teich, hohem Gras und Kräuterbeet.

Die guten Geister

Urlaub, Geschäftsreise, Krankenhaus, Besuch bei Freunden und Verwandten: Während Ihrer Abwesenheit hütet die Katze das Haus. Ein bisschen Unterstützung tut ihr dabei gut. Die kommt von Nachbarn, Freunden oder Catsittern – erfahrenen Katzenfreunden, die auf Abruf zur Betreuung bereitstehen.

Welche guten Geister Sie auch rufen: Der Schnupperbesuch vorher ist Pflicht. Dabei erfährt der Betreuer, wo er was findet (Futter, Katzenstreu, Katzenkamm, Lieblingsball und vieles mehr), er freundet sich mit der Katze an (noch besser, wenn er sie schon kennt), wird über ihre Ansprüche und Vorlieben, eventuell auch die medizinische Versorgung aufgeklärt und erhält die Wohnungsschlüssel.

Deponieren Sie für alle Fälle vor Abreise einen Zettel mit Ihrer Urlaubsadresse, Telefonnummer und der Telefonnummer Ihres Tierarztes neben dem Telefon.

Solo ohne Sorgen

Lassen Sie das Katzenkind während der ersten drei bis vier Wochen nicht allein. Es muss Vertrauen zu Ihnen gewinnen und die Wohnung als Heimatrevier akzeptieren. Erst dann kann in kleinen Schritten das Solo-Training beginnen. Grundvoraussetzung: Die Katze muss sich in ihrem Reich rundum wohl fühlen. Spielen Sie vor dem ersten Weggehen ausgiebig mit dem Kätzchen. Meist ist es dann viel zu müde, um sich verlassen zu fühlen. Leise Hintergrundmusik beruhigt zusätzlich.

Katzen, die regelmäßig allein sind, bauen die Solo-Zeit in ihren Tagesrhythmus ein: Sie nutzen die Abwesenheit für ein ausgiebiges Nickerchen oder die Hausinspektion.

Wie Katzen „sprechen"

Katzen sagen, was sie wollen. In der Regel kombinieren sie dabei Laut- und Körpersprache. Die Sprache der Katzen kennt unzählige Nuancen, mit denen sich Gefühle und Wünsche unmissverständlich ausdrücken lassen. Das kleine ABC der Katzensprache hilft jedem Katzenbesitzer.

Welcome!

Guten Tag & Gute Nach

Mit aller Sympathie der Welt begrüßt eine Katze ihren geliebten Menschen: Blick zum Partner, Schwanz hoch aufgerichtet, läuft sie freudig miauend auf ihn zu. Mit bis zu 20 Stunden täglich sin Katzen Weltmeister im Schlafen. Gelegenheit zum herzhaften Gähnen findet sich da reichlich.

Angst & Argwohn

Mit Katzenbuckel und gesträubtem Fell wirkt eine Katze größer. Kätzchen können damit aber niemanden beeindrucken. Also versucht man sich ängstlich drohend aus der Affäre zu ziehen. Wenn Blicke töten könnten: Die Mimik einer Katze sagt deutlicher als viele Worte, dass ihr etwas missfällt.

Anmachen

Die hohe Kunst der Verführung nach Katzenart: „Komm, spiel mit mir!", signalisiert die Körperhaltung des Kätzchens. Vertrauensvoll präsentiert es dabei seine verletzliche Unterseite. Nicht anders zeigen übrigens erwachsene Kätzinnen, dass sie zum Liebesspiel bereit sind.

Maunzen & Keckern

Die Katze ist total auf das Objekt ihrer Begierde fixiert und maunzt oder keckert mit leicht geöffnetem Mund. Gemaunzt wird mit langgezogenen Klagelauten, weil man unbedingt etwas haben will, beim Keckern „schnattern" Katzen mit hohen, schrillen Tönen, zum Beispiel, wenn sie einen Vogel sehen.

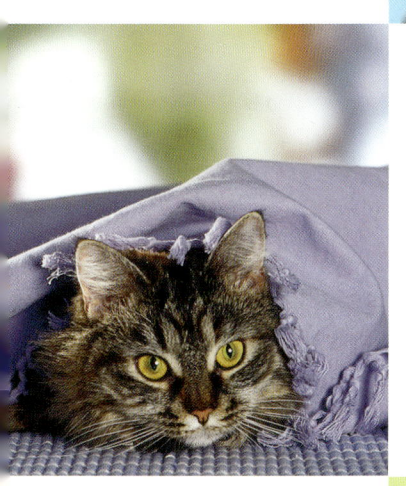

Verstecken & Waschen

Katzen lieben Verstecke. Sehen und selbst nicht gesehen werden, heißt ihr Motto. Und das schönste aller Verstecke ist ein kuscheliges Bett. Eine Katzenwäsche hat für uns wenig mit Sauberkeit zu tun. Katzen sehen das anders. Die große Wäsche steht bei ihnen täglich auf dem Programm.

KatzenWäsche

Mäusetanz

Fangen & Fauchen

Das Fangspiel mit der erbeuteten Maus gehört zum Jagdzyklus der Katze: Im ausgelassenen Tanz baut sie die aufgestaute Erregung wieder ab. Bis hierher und nicht weiter! Eine fauchende Katze lässt niemanden kalt. Nicht selten verhindert die deutliche Warnung Streit und Blessuren.

m i i m
i m i m i
m i m
m i m i m
m i m i
m i m i

Die **richtige** Ernährung

Ganz schön viel auf einmal für kleine Katzen: schnell groß werden und ganz schnell die große Welt entdecken. Das braucht jede Menge Energie. Die liefert das Futter. Verständlich, dass an die Ernährung junger Katzen besonders hohe Ansprüche gestellt werden.

Futter für Katzenkinder

„Herr Ober, bitte einmal Schnitzel mit Pommes und Salat fürs Baby!" Natürlich würden Sie nie eine solche Bestellung aufgeben. Säuglinge und Kleinkinder haben Anspruch auf eine spezielle Ernährung. Was bei Menschenkindern ganz selbstverständlich ist, bei Katzenkindern ist es das leider immer noch nicht. Katzenkinder entwickeln sich extrem schnell – viel schneller als Menschenkinder: Ein Katzenbaby legt pro Woche um die 100 Gramm an Gewicht zu. In den ersten Lebensmonaten entscheidet sich, ob die Knochen fest werden, ob das Fell glänzt und der Organismus stabil ist. Jetzt werden die Weichen fürs ganze Katzenleben gestellt. Fütterungsfehler in diesem Lebensabschnitt können dramatische Folgen haben. Kleine Katzen brauchen nicht nur vergleichsweise viel Futter, sie brauchen auch eine speziell auf ihre Bedürfnisse abgestimmte Nahrung.

Der Mix macht's

In Ernährungsfragen sind Katzen heikel und anspruchsvoll. Anspruchsvoller etwa als Hunde. Ein Anspruch mit biologischem Background: Katzen haben einen sehr ho-

Das Leckermaul-Duo

Jeden Tag wilde Spiele und Kämpfe. Sich belauern, aus dem Hinterhalt attackieren, durchs Haus jagen, dem anderen sein Spielzeug streitig machen – das war das Leben! Nur am Futternapf herrschte Frieden. Da waren sich die Kleinen einig: So etwas Gutes musste man mit Muße genießen.

Mäuse sind im Katzen-Speiseplan stets unter „Lieblingsgericht" zu finden.

hen Eiweißbedarf, weit mehr als die meisten anderen Tiere und doppelt so viel wie Hunde. Eiweiß sollte mindestens 25 Prozent der Trockenmasse des Katzenfutters ausmachen. Bei Dosenfutter entspricht das einem Eiweißgehalt von etwa 10 Prozent. Katzen sind auf tierisches Eiweiß angewiesen. Denn nur das enthält Taurin. Taurin ist ein Baustein, der für die Sehzellen, für die Entwicklung des Gehirns und für das Herz benötigt wird. Katzen vertragen Fett in unglaublichen Mengen – bis zu 50 Prozent in der Trockenmasse. Der Fettanteil im Fertigfutter sollte allerdings nicht über 25 Prozent liegen. Katzen haben einen viel höheren Bedarf an Vitamin A als der Mensch. Anders als wir (und auch der Hund) können sie es jedoch nicht aus Beta-Karotin, der pflanzlichen Vorstufe, selbst aufbauen, sondern sind auf die Tagesdosis Vitamin A in tierischer Nahrung (zum Beispiel frischer Leber) angewiesen. Allerdings kann zu viel Leber zur Vitamin-A-Vergiftung führen. Und dann wäre da noch Vitamin C: Katzen produzieren Vitamin C selbst. Von Kalzium und Phosphor wiederum brauchen sie viel mehr als der Mensch.

Nährstoffe auf einen Blick

➤ Wasser. Wichtigster Nährstoff. Immer frisch, immer verfügbar. Dosenfutter deckt einen Großteil des Flüssigkeitsbedarfs.
➤ Eiweiß (Protein). Eiweiß ist der Baustein der Zellen. Es gibt tierisches Eiweiß (Fleisch) und pflanzliches (Soja, Getreide). Katzen brauchen tierisches Eiweiß, weil nur das Taurin enthält.
➤ Fett. Energielieferant. Für gesunde Haut und Haare und zum Verdauen fettlöslicher Vitamine. Zu viel macht aber dick.

Fertigfutter enthält alles, was für die gesunde Ernährung der Katze wichtig ist.

➤ Kohlenhydrate. Brennstoff, der schnell verfügbare Energie liefert. In Getreide, Reis, Zucker. Pflanzliche Kohlenhydrate müssen gekocht sein, damit die Katze sie verdauen kann.

➤ Mineralstoffe. Bauelemente des Körpers, wie Eisen in den roten Blutkörperchen, Kalzium in Knochen und Zähnen.

➤ Vitamine. Steuern den Stoffwechsel. Vitamin A ist verantwortlich für Augen und Haut, Vitamin B für den Stoffwechsel, D für die Knochen, E fürs Immunsystem, K für Blutgerinnung. C und K produziert die Katze selbst.

➤ Ballaststoffe. Unverdauliche Nahrungsbestandteile, zum Beispiel im Getreide, regen die Verdauung an. Zu geringer Ballaststoff-Anteil im Futter führt in der Regel zu Verstopfung.

Mit Fertigfutter fit und gesund

Bei aller Liebe und Kochkunst schafft man mit selbst zubereiteter Katzenkost nie, was mit Fertigfutter kein Problem ist: die ausgewogene und gesunde Ernährung der Katze in jedem Lebensalter. Fertigfutter enthält alle Nährstoffe, die eine Katze braucht, in der richtigen Zusammensetzung. Es ist frei von Krankheitserregern, lässt sich problemlos dosieren und vereinfacht die Vorratshaltung. Und dank unterschiedlichster Sorten und Geschmacksrichtungen wird es auf der Speisekarte nicht eintönig.

Über die Futterzusammensetzung informiert der Packungsaufdruck. In Dosen- und Trockenfutter sind die gleichen Rohmaterialien: Fleisch und Innereien, Getreide, Vitamine und Mineralstoffe. Der gravierende Unterschied liegt im Wasseranteil: Dosenfutter enthält etwa 80 Prozent Feuchtigkeit, Trockenfutter dagegen nur 10 Prozent. Außerdem ist der Getreideanteil im Trockenfutter höher. Als Vollnahrung geeignet sind aber beide.

Da Trockenfutter konzentrierter und energiereicher ist, bietet man kleinere Futterrationen an. Wichtig vor allem beim Trockenfutter: Frisches Wasser muss der Katze immer zur Verfügung stehen.

BSE – eine tödliche Krankheit, die, wie man heute weiß, auch Katzen befallen kann. Doch für Katzen, die mit Marken-Fertigfutter ernährt werden, besteht kein Risiko. Die Hersteller garantieren, dass sie kein Tiermehl aus den Kadavern kranker oder verendeter Tiere verarbeiten und bereits seit mehr als 10 Jahren keine BSE-Risikomaterialien wie Rinderhirn oder Rückenmark verwenden. Wenn Sie sich bei Ihrem Futter nicht sicher sind, informieren Sie sich direkt beim Hersteller. Bei Marken,

Hat's da im Krug geraschelt? Leider war's kein Mäuschen.

denen Sie vertrauen können, finden Sie eine Service-Telefonnummer auf jeder Futterpackung.

16 Tipps fürs richtige Füttern

1. Just in Time. In Terminfragen sind Katzen Pedanten: Alles bitte ganz pünktlich. Ihre Fütterungszeiten kennen auch Katzenkinder schon nach wenigen Wochen. Vorteil: Wer weiß, wann Essenszeit ist, bettelt nicht zwischendurch.

2. Meine Schüssel. Leben mehrere Katzen im Haus, hat jede ihren eigenen Futternapf. Das beugt Zoff vor.

3. Bester Platz. Der Napf steht am besten in einer ruhigen Ecke. Und hier bleibt er auch auf Dauer.

4. Kalt ist falsch. Optimale Futtertemperatur: 38 °C (körperwarm). Nie direkt aus dem Kühlschrank füttern, sondern mindestens mit Zimmertemperatur. Sonst gibt es Magenprobleme.

5. Roh ist tabu. Rohes Fleisch ist kein Katzenfutter: hohes Krankheitsrisiko durch Viren, Bakterien, Parasiten. Ebenfalls verboten: geräucherte, gewürzte,

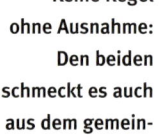

Keine Regel ohne Ausnahme: Den beiden schmeckt es auch aus dem gemeinsamen Napf.

angetaute und verdorbene Speisen, Süßigkeiten und Nüsse. Rohes Eiweiß vom Hühnerei führt zu Haarausfall, weil es das Vitamin Biotin zerstört.

6. Keine Knochen! Knochen verursachen Verstopfung und innere Verletzungen, wenn sie splittern. Besonders Geflügelknochen bleiben leicht im Hals stecken.

7. Nicht nur Fleisch. Fleisch enthält zu wenig Kalzium. Reine Fleischfütterung ruft schwere Mangelerscheinungen hervor. Das Skelett wird weich und brüchig.

8. Napf nach Maß. Standfest, kippsicher und rutschfest muss die Futterschüssel sein. Ein erhöhter Rand verhindert, dass beim Fressen die Hälfte danebengeht. Ideal: Keramik oder Edelstahl. Beides leicht zu reinigen.

9. Immer frisch. Wasser gibt's im eigenen Napf und steht rund um die Uhr zur Verfügung. Zweimal täglich auswechseln.

10. Keine Störung! Katzen sind Genießer, die ihr Futter häppchenweise und ohne Eile verzehren.

11. Küche geschlossen. Bleiben Reste von Dosenfutter im Napf, nach spätestens 45 Minuten wegräumen. Das animiert die Katze zur Einhaltung der Essenszeit und schützt vor verdorbenem Futter. Bitte das Futter nicht voreilig entsorgen: Katzen legen Essenspausen ein und kommen zur Futterschüssel zurück. Trockenfutter soll-

Futterfahrplan für Katzenkinder

Junge Katzen brauchen hochwertige und energiereiche Nahrung. So passt man im ersten Lebensjahr Futtermenge und Fütterungshäufigkeit den Bedürfnissen an:

Lebensalter in Monaten	Mahl-zeiten pro Tag	Schalen* pro Tag	Trocken-nahrung** pro Tag (Gramm)
bis 3 Monate	4-5	1½-3	35-75
von 4-5 Monate	3-4	3-4	75-100
von 6-10 Monate	2-3	3½-4	95-110
älter als 10 Monate	2-3	3-3½	90-95

Berechnungsbasis: * Whiskas® Katzenkinder 1-12 Monate
  ** Whiskas® Katzenschmaus für Katzenkinder

Das wiegt ein gesundes Kätzchen

Regelmäßiges Wiegen ist eine wichtige Gesundheitskontrolle. Entscheidend ist nicht das absolute Körpergewicht, sondern die kontinuierliche (relative) Gewichtszunahme. Ab dem 3. Lebensmonat wiegen Kater deutlich mehr als Kätzinnen.

Lebensalter in Wochen	Gewicht in Gramm weiblich	männlich
(1. Tag)	70-130	80-140
4	240-580	250-620
8	380-900	420-950
24	1400-2100	1600-2700
52	1900-2900	2300-4200

Abhängig von Geschlecht, Rasse und Typus gibt es bereits bei jungen Katzen zum Teil erhebliche Gewichtsunterschiede. Durchschnittsgewicht erwachsener Katzen: 2,5 bis 5,5 kg. Sehr große Kater können deutlich mehr wiegen (bei der Maine Coon bis 10 kg).

ten Sie Ihrer Katze jedoch grundsätzlich immer anbieten.

12. Pssst, Ruhe! Nach dem Essen braucht die Katze Auszeit. Zur Fellpflege und fürs Verdauungsschläfchen.

13. Schön sauber. Nach jeder Fütterung Schüssel und Löffel mit heißem Wasser reinigen. Eingetrocknete, verdorbene Essensreste sind ein Gesundheitsrisiko.

14. Deckel drauf. Angebrochene Futterdosen mit speziellen Plastikdeckeln (im Fachhandel erhältlich) verschließen. So bleibt das Futter frisch.

15. Auf die Waage. Regelmäßige Gewichtskontrolle ist gerade bei Jungkatzen wichtig: Kätzchen auf den Arm nehmen, gemeinsam wiegen und eigenes Gewicht abziehen.

16. Keine Experimente. Viele Katzen bestehen auf ihrem Lieblingsmenü. Ständigen Wechsel der Futtermarke mögen sie gar nicht. Für Abwechslung sorgen die verschiedenen Geschmacksrichtungen.

Was Sie noch wissen sollten

➤ In den ersten Lebensmonaten werden die Nahrungsvorlieben für das Katzenleben festgelegt.

➤ Gewöhnen Sie Ihr Kätzchen möglichst bald an Fertignahrung. So geht's: Katzenkinderfutter auf Finger streichen und daran lecken lassen.

➤ Anfangs nur kleinste Mengen anbieten. Der Magen der jungen Katze ist winzig, das Verdauungssystem sehr empfindlich.

➤ Vom ersten Tag an gibt es Futter nur im Napf. Dann geht Ihre Katze später nie auf Bettel-Tour.

Die Sache mit der Milch

Es gibt Katzen, die Milch gut vertragen. Nicht wenige aber bekommen Durchfall. Verantwortlich dafür ist der Milchzucker (Laktose). Bei spezieller Katzenmilch ist der Milchzucker reduziert. Unabhängig davon, ob Ihr Tiger mit Milchzucker klarkommt oder nicht: Milch ist kein Getränk für Katzen, sondern eher eine Leckerei. Einziges und bestes Katzengetränk: Wasser. Täglich zweimal frisch, im eigenen Wassernapf, immer erreichbar. Wenn Ihre Katze zwischendurch abgestandenes Wasser aus der Blumenvase oder Wasserpfütze trinkt, schadet das nicht.

Was ist mit der Maus?

Die Maus ist die ideale Futtermischung für die Katze: leicht verdauliches Muskelfleisch, schmackhafte Innereien, Pflanzliches aus dem Darm, Knochen und Haare als wichtige Ballaststoffe, Vitamine und

Wenn Kätzchen nicht essen wollen

➤ **Krankes Kätzchen?**
Infektion, Verdauungsstörung, Zahn- und Zahnfleischprobleme können zum Appetitverlust führen.

➤ **Kein Hunger?**
Mögliche Gründe: 1. Das Kätzchen hat sich im wilden Spiel ausgetobt. 2. Es ist eben erst aufgewacht. 3. Es hat irgendwo genascht. 4. Extreme Sommerhitze.

➤ **Falscher Standort?**
Futternapf mitten in der Küche? Im Flur, wo ständig Füße trappeln? Oder direkt neben der Katzentoilette?

➤ **Zu heiß, zu kalt?**
Kühlschrankkost: bitte nicht! Dampfende Schüssel: nein danke! Am besten lauwarm.

➤ **Futterwechsel?**
Abrupter Umstieg auf neue Futtermarke führt zu Protest und Verweigerung.

Tipp

Wenn das Futter verweigert wird. Eine kleine Katze braucht viel Energie. Will sie nicht fressen, ist das ein ernstes Zeichen. Ursachen: Zahnfleischentzündung im Zahnwechsel (5. bis 7. Monat), Schnupfen, Magen-Darm-Probleme und andere. Katze umgehend dem Tierarzt vorstellen.

Mineralstoffe. Doch satt machen Mäuse Katzen schon lange nicht mehr. Eine 7 Monate alte und 3 Kilo schwere Jungkatze braucht täglich etwa 300 Gramm Futter. Die „Standardmaus" bringt es auf dürftige 20 Gramm. Unsere Nachwuchsjägerin müsste also 15 Nager zur Strecke bringen, um nicht vom Fleisch zu fallen. Pure Illusion in verarmten Jagdrevieren zwischen Häuserblocks und naturbereinigten Vorgärten. Darüber hinaus sind viele Mäuse längst regelrechte „Schadstoffcontainer" und alles andere als gesunde Katzennahrung. Apropos Jagd: Irgendwann bringt Ihr Kätzchen zum ersten Mal eine Maus ins Haus und legt Sie Ihnen stolz vor die Füße. Die Morgengabe ist ein Vertrauensbeweis, dem sich die „Oberkatze" würdig erweisen sollte. Vor den Augen Ihrer Katze müssen Sie das Mäuschen nicht verzehren, unauffälliges Entsorgen reicht völlig.

Aus dicken Kindern werden...

Ernährungssünden sitzen tief. Und reichen weit zurück. Meist bis in die Kinderzeit. Wer sich vom herzzerreißenden Wehklagen eines Kätzchens erweichen lässt, legt den Grundstein für Figurprobleme, die man später nur mit ausgetüftelten Diätprogrammen, viel Energie und Konsequenz in den Griff bekommt. Daher die dringende Bitte: Halten Sie sich bei den Tagesrationen an die Empfehlung auf der Dose, bei Katzenkindernahrung genauso wie beim Fertigfutter für erwachsene Katzen. Allerdings sind die Mengenangaben nur Richtwerte. Der Nahrungsbedarf kann zum Beispiel je nach Temperament oder Rasse des Kätzchens unterschiedlich sein. Solange die Rippen bei Ihrem Kätzchen noch deutlich fühlbar sind, hat Ihr kleiner Tiger kein Übergewicht. Die Experten plädieren einhellig dafür, Katzenbabys so früh wie möglich verschiedene Futtersorten anzubieten. Das verhindert, dass aus kleinen Leckermäulern eines Tages schwierige Kostgänger werden.

Beim Trinken formen Katzen ihre lange Zunge wie einen Löffel.

Was Kätzchen himmlisch finden

Die Liebe geht auch bei Katzen durch den Magen. Wer seinen Wohnungstiger verwöhnen will, muss längst kein schlechtes Gewissen mehr haben. Es gibt viele Snacks und Leckerlis, die den Katzengaumen kitzeln, aber auch für gute Verdauung, feste Zähne und ein glänzendes Fell sorgen.

Fischstäbchen

Stehimbiss

Kitbits und Katzinis

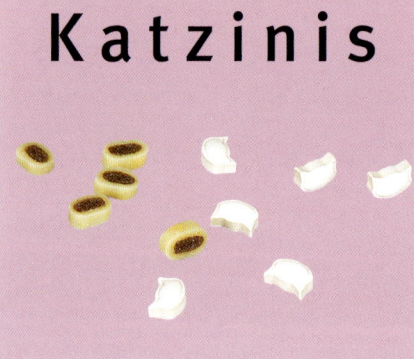

Katzenschmaus

Knusper-Taschen

Tafelsilber

Ei, ei, Ei!

Crunchies

Lecker
Snacks

Guten
Appetit!

Bückling

mmmhh..
Joghurt

Katzen**gras**

alles
(Hütten-)**Käse**

b r r b r r
b r r b r r
b r r
b r r b r r
b r r
b r r b r r

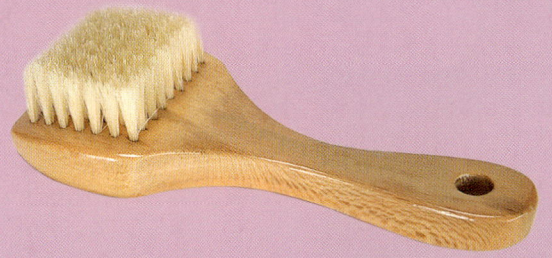

Fit **und** gesund

„Neun Leben" sichert ihr das Sprichwort zu.
Tatsächlich ist die Katze robust und wenig
krankheitsanfällig. Doch selbst bei ihr
ist Gesundheit kein Zufall. Ganz wichtig:
der lückenlose Impfschutz gegen die gefähr-
lichsten Infektionskrankheiten.

Gesundheit nach Plan

Katzen halten viel von Sauberkeit und Frische. Regelmäßige intensive Körperpflege ist Teil ihres Lebens. Und damit auch ein Gradmesser ihrer Gesundheit: Eine Katze, die sich vernachlässigt, ist fast immer ernsthaft krank. Als Katzenbesitzer müssen Sie die Gesundheitsfürsorge Ihrer Katze nur mit wenigen Handgriffen unterstützen. Bei jungen Tieren fördern Sie damit auch die Eigeninitiative.

Pflege nach Maß

➤ Fell. Katzenwäsche: für Katzen ein wichtiger Job. Mit dem Vielzweckinstrument Zunge wird das Fell gewaschen, gekämmt, gebürstet, von Schmutz und Schmarotzern befreit. Wo die Zunge nicht hinkommt, hilft die Pfote aus. Kurz- oder Vollwaschgang nach Mahlzeit und Siesta. Ungepflegtes, struppiges Fell ist ein Alarmsignal (Hautprobleme, Parasiten, Infektionen, Übergewicht). Bei Kurzhaarkatzen abgestorbene Haare einmal wöchentlich mit Noppenhandschuh (Noppenschwamm) entfernen: verhindert, dass beim Putzen zu viele Haare verschluckt werden. Nebeneffekt: weniger Haare in der Wohnung. Im Fell-

Alles halb so schlimm!

Ein bisschen Angst hatte Lucy schon. Tausend fremde Gerüche lagen in der Luft. Doch der große Mann im weißen Kittel war nett, streichelte sie und sprach leise und lieb mit ihr. Wenn es Frauchen so wichtig war, würde Lucy sie beim nächsten Mal wieder hierher begleiten.

wechsel öfter bürsten. Lang- und Halblang-haarkatzen täglich mit Stahlkamm und einmal pro Woche mit Bürste pflegen. Schützt Fell vor Verfilzung (hartnäckige Verfilzung entfernt der Tierarzt). Fellknoten per Hand lösen. Gleichzeitig Haare auf Parasiten (dunkle Punkte deuten auf Flohbefall hin) und Haut auf Wunden, Rötungen und Kahlstellen kontrollieren.

➤ Augen. Tränenfluss in den Augenwinkeln mit feuchtem Tuch entfernen.

➤ Zähne. Entzündetes Zahnfleisch ist dunkelrot, gesundes hellrot gefärbt. Zahnstein färbt die Zähne gelbbraun. Starker Befall muss vom Tierarzt unter Narkose entfernt werden. Testen Sie bei Ihrer Jungkatze, ob sie Zähneputzen (mit Katzen-Zahnpasta und -Zahnbürste, → Seite 64) akzeptiert.

➤ Ohren. Ohrschmalz nur in äußerer Ohrmuschel vorsichtig mit Tuch entfernen. Bei Ohrmilben schüttelt die Katze ständig den Kopf. Hier wie bei der Behandlung des Innenohrs ist der Tierarzt gefragt. Niemals Wattestäbchen („Q-Tips") benutzen!

➤ Pfoten und Krallen. Pfotenballen auf Verletzung und Risse kontrollieren. Vaseline schützt spröde Ballen (speziell im Winter). Zu lange, nicht abgenutzte Krallen vom Tierarzt schneiden lassen.

➤ After. Bei Durchfall und Darmproblemen kann der After kotverklebt sein. In solchen Fällen mit feuchtem Tuch nachhelfen.

Die gefährlichsten Infektionskrankheiten

Die Schutzimpfung ist für Ihre Katze die beste Lebensversicherung gegen die häufigsten Infektionskrankheiten. Wichtig ist, dass die Katze vor jeder Impfung entwurmt wird. Entwurmung bei Jungkatzen: zwischen 2. und 12. Lebenswoche vierzehntägig, danach wie bei allen erwachsenen Katzen mit Auslauf vierteljährlich, bei Wohnungskatzen einmal im Jahr.

Katzenschnupfen

Symptome: Entzündung der Schleimhäute mit Niesen, Ausfluss aus Nase und Augen,

Augentropfen verabreichen. Die Pipette darf das Lid nicht berühren.

Atemproblemen, Fieber und Appetitlosigkeit. Im weiteren Verlauf Geschwüre, Lungenentzündung.
Übertragung: Ansteckung von Katze zu Katze durch Niesen, Husten und Speichel. Nicht auf den Menschen übertragbar.
Prognose: Kann geheilt werden, gefährlich jedoch für Jungkatzen und geschwächte Tiere. Impfung möglich.

Katzenseuche (Panleukopenie)

Symptome: Fieber, Durchfall, Erbrechen, Nahrungsverweigerung.
Übertragung: Direkte Ansteckung von Tier zu Tier, aber auch indirekt über Gegenstände, mit denen kranke Katzen in Berührung kamen. Das auslösende Parvovirus ist sehr widerstandsfähig. Keine Ansteckungsgefahr für den Menschen.
Prognose: Häufig tödlicher Verlauf. Impfung möglich.

Leukose (FeLV, Felines Leukose-Virus)

Symptome: Schwäche und Müdigkeit, Abmagerung, Fieber. In der Folge oft Sekundärinfektionen wie Darmprobleme, Zahnfleischentzündung und Abszesse.
Übertragung: Von Katze zu Katze durch

gegenseitiges Lecken, Bisse und über die Katzentoilette. Träger des FeLV-Virus können über Jahre symptomfrei sein. Nicht auf den Menschen übertragbar.
Prognose: Verläuft nach Ausbruch immer tödlich. Impfung möglich.

Bauchfellentzündung (FIP, Feline Infektiöse Peritonitis)

Symptome: Fieber, Müdigkeit, Appetitverlust, aufgeblähter Bauch.
Übertragung: Von Katze zu Katze. Der Mensch kann nicht angesteckt werden.

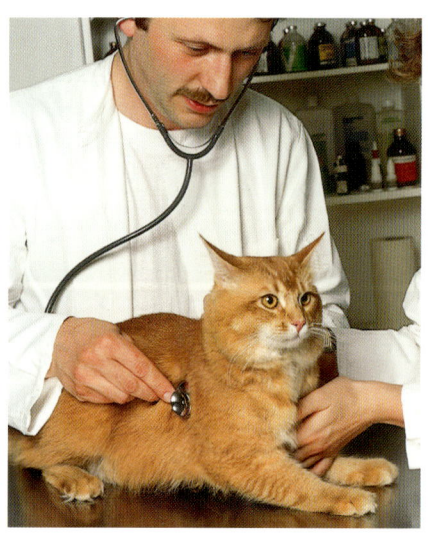

Bei Krankheitsverdacht im Zweifelsfall immer sofort den Tierarzt aufsuchen.

Impfen nach Plan: Grundimmunisierung und Wiederholungsimpfungen

Lebensalter	Katzen-schnupfen	Katzen-seuche	Leukose	FIP	Tollwut
9. Woche	●	●			
12. Woche	●	●	●		●
16. Woche			●		●
20. Woche				●	

Wiederholungsimpfungen (Auffrischungsimpfungen) jährlich. Ausnahme Katzenseuche: je nach Impfstoff jährlich oder alle zwei Jahre. Der volle Impfschutz ist erst etwa zwei Wochen nach der Impfung gewährleistet.

Prognose: Eine Behandlung ist nicht möglich, FIP-kranke Tiere sterben meist. Impfung möglich, bietet aber keinen hundertprozentigen Schutz.

Katzenaids (FIV, Felines Immundefizienz-Virus)

Symptome: Immunschwäche, Fieber und Appetitmangel. In der Folge Sekundärinfektionen.
Übertragung: Durch direkten Kontakt von Katze zu Katze, meist durch Bisse. Trotz Verwandtschaft des FIV mit dem menschlichen Aids-Erreger keine Übertragung auf den Menschen (auch nicht umgekehrt).
Prognose: Heilung nicht möglich. Gegen Katzenaids gibt es keinen Impfschutz.

Tollwut

Symptome: Gleichgewichtsstörungen, Speichelfluss, Krämpfe, Lähmungen, Aggressivität.
Übertragung: Von Tier zu Tier, meist durch infizierte Wildtiere (Füchse). Tollwut ist auf den Menschen übertragbar.
Prognose: Tödlicher Verlauf. Die Behandlung verdächtiger Tiere ist nicht gestattet. Impfung möglich.

Aujeszkysche Krankheit (Pseudowut)

Symptome: Schluckbeschwerden, Unruhe, Lähmung, extremer Juckreiz.
Übertragung: Infektion durch rohes Schweinefleisch. Keine Ansteckung des Menschen.
Prognose: Rascher Tod. Verzicht auf Verfütterung von rohem Schweinefleisch bannt die Krankheitsgefahr. Eine Impfung ist nicht möglich.

Wenn kleine Katzen krank sind

Am empfindlichsten reagiert der Magen: Bei jungen Katzen kommen Magen-Darm-Erkrankungen und auch Parasiten sehr häufig vor.

Kleine Katzen sind besonders anfällig für Magen-Darm-Erkrankungen.

Magen und Darm. Schon die Umstellung von Muttermilch auf feste Nahrung klappt bei Katzenbabys nicht immer reibungslos. Ähnlich sensibel verhält sich der kleine Katzenmagen bei plötzlichem Futterwechsel, bei zu heißer oder kalter Nahrung, bei Milch und Mangelernährung (beispielsweise

mit Hundefutter). Verdauungsstörungen, Durchfall und Erbrechen sind die Folgen. Magen-Darm-Probleme können auch Symptome ernster Erkrankungen sein (zum Beispiel der Katzenseuche, → Seite 56).
Bei Jungkatzen sind Würmer häufig Durchfallursache (meist Spul- oder Hakenwürmer). Leichten Durchfall kann man mit Wasser bei vorübergehendem Futterentzug (bei Kätzchen max. 12 Stunden) behandeln, um Flüssigkeitsverlust auszugleichen. Bestehen die Beschwerden länger, muss die Katze zum Tierarzt. Eine Kotprobe erleichtert ihm die Diagnose (zum Beispiel bei Wurmbefall).
Von Zeit zu Zeit gibt die Katze durch Erbrechen einen Teil der Haare wieder ab, die sie bei der Fellpflege verschluckt hat. Das ist eine normale Reaktion. Meistens werden die Haarballen aber mit dem Kot ausgeschieden. Katzengras hilft dabei.
Augen, Nase und Ohren. Deutlich sichtbare Nickhaut (3. Augenlid) ist – vor allem bei beidseitigem Vorfall – häufig ein erstes Krankheitssymptom, zum Beispiel für Infektionskrankheiten, Parasiten, Magen-Darm-Probleme. Übermäßiger Tränenfluss ist zum Teil rassebedingt (Perser, Kartäuser), kann aber auch auf Bindehautentzündungen hinweisen. Der Tierarzt verordnet entzündungshemmende Medikamente. Die Katzennase ist ein Gradmesser der

Geht es meiner Katze gut?

Dieser kleine Gesundheitscheck dauert nicht mehr als fünf Minuten täglich.

		Ja	Nein
❶	**Verhalten:** Ist Ihr Kätzchen munter, lebhaft und neugierig? Nicht apathisch oder abweisend.	⊘	◯
❷	**Augen:** klar und offen? Ohne Ausfluss und Verklebungen.	⊘	◯
❸	**Nase:** kühl und trocken? Ohne Ausfluss, kein Niesen.	⊘	◯
❹	**Ohren:** sauber ohne bräunliche Beläge? Kein häufiges Kopfschütteln.	⊘	◯
❺	**Zähne und Zahnfleisch:** weiß, ohne Belag? Zahnfleisch hellrot, ohne auffälligen Mundgeruch.	⊘	◯
❻	**Fell:** glänzend, sauber? Nicht struppig, kein starker Haarverlust oder Haarbruch.	⊘	◯
❼	**After:** sauber, nicht kotverschmiert?	⊗	◯
❽	**Kot und Urin:** Kot weich und geformt? Urin hell, ohne Blut.	⊘	◯

Schon bei einem „Nein" sollten Sie vorsichtshalber einen Tierarzt zu Rate ziehen.

Gesundheit: Sie sollte kühl und trocken sein. Kratzen am Ohr und ständiges Kopfschütteln weisen auf Ohrmilben hin. Entfernung des braunen Sekrets und Reinigung des Gehörgangs ist Sache des Tierarztes. Ohrmilben werden von Katze auf Katze übertragen.

Fell und Haut. Während des Fellwechsels im Frühjahr und Herbst ist Haarausfall am ganzen Körper normal und nicht besorgniserregend. Lokaler Haarverlust hingegen ist fast immer Zeichen einer Erkrankung. Kreisrunde Kahlstellen deuten auf Pilzbefall hin. Hautausschläge und Ekzeme können Folge einer allergischen Reaktion auf Reizstoffe sein (Reinigungs-, Desinfektions-, Lösungsmittel), aber auch einer Nahrungsmittelallergie. Die Ermittlung der Ursache ist oft schwierig und langwierig. Eine der häufigsten Allergien ist die Flohstichallergie. Flöhe erzeugen starken Juckreiz, befallene Katzen kratzen sich ständig. Nachweis: Katze auf weiße Fläche stellen und Fell ausbürsten. Flohkot fällt in Form dunkler Pünktchen auf die Unterlage. Bekämpfung: Sogenannte Spot-on-Präparate (beim Tierarzt erhältlich). Diese modernen Mittel beseitigen nicht nur die Flöhe auf der Katzen, sondern bekämpfen auch Floheier und Flohlarven in ihrer Umgebung. Das Flohmittel wird einfach auf die Haut der Katze aufgetragen.

Milben verursachen Krusten und Schuppen, vor allem an Kopf und Ohren der Katze. Der Tierart behandelt mit Lösungen oder Injektionen.

Zecken befallen von März bis Oktober Menschen und Tiere. Für uns stellen Zecken ein hohes Gesundheitsrisiko dar, da sie die gefürchtete Hirnhautentzündung übertragen können. Für Katzen hingegen sind die Schmarotzer relativ ungefährlich. Entfernen sollte man sie trotzdem. Das klappt am besten mit einer speziellen Zeckenzange (im Fachhandel erhältlich).

Zähne. Zahnstein spielt bei jungen Katzen meist noch keine Rolle. Bieten Sie Ihrem Kätzchen trotzdem neben gewohntem Dosenfutter immer auch feste Nahrung an (Trockenfutter oder spezielle Knabberkost zur Zahnreinigung). Das ist die beste Prophylaxe gegen die Bildung von Zahnbelägen. Während des Zahnwechsels kann es zu Zahnfleischentzündungen kommen.

After. Dauerhaft kotverschmierter After ist die Folge hartnäckigen Durchfalls. Bei Wurmbefall und Entzündungen der Analbeutel rutscht die Katze oft mit dem Hinterteil über den Boden, um den Juckreiz zu lindern. Bei diesen Symptomen sollten Sie mit Ihrer Katze stets unverzüglich den Tierarzt aufsuchen. Zur regelmäßigen Stuhlkontrolle gehört auf jeden Fall auch die gründliche Inspektion der Katzentoilette.

Tipp

Vor allem Zuwendung. Für eine kranke Katze ist die Nähe ihres Menschen besonders wichtig. Speziell Tiere, die durch die Erkrankung oder wegen therapeutischer Maßnahmen (Halskragen, Verband) behindert sind und sich nicht wie gewohnt bewegen oder pflegen können, reagieren verunsichert.

So pflegt man eine kranke Katze

Eine kranke Katze verändert fast immer ihr Verhalten. Sie zieht sich zurück, verzichtet auf Spielen und Schmusen, schläft mehr und sucht Wärme. Ruhe und Wärme sind wichtig, um Selbstheilungsprozesse in Gang zu setzen und die Genesung zu fördern. Diese Bedürfnisse sollten alle respektieren, die mit der Katze unter einem Dach leben.

Fieber messen. Bei einer ruhigen oder wegen Krankheit apathischen Katze kann man die Fiebermessung allein vornehmen: ein Fieberthermometer, das speziell für die Katze reserviert ist, mit Vaseline einstreichen. Mit einer Hand den Schwanz der Katze anheben, mit der anderen das Thermometer in den After einführen. Bei einer lebhaften Katze braucht man Hilfestellung: Die zweite Person hält die Patientin an Schulter und Vorderbeinen fest. Empfehlung: Verwenden Sie ein digitales Fieberthermometer. Es ist dünner und misst die Temperatur schneller als ein herkömmliches. Die Normaltemperatur der Katze liegt zwischen 37,8 und 39,2 °C.

Versorgung mit Medikamenten.
Tabletten: Mit einer Hand Kopf der Katze von oben umfassen und leichten Druck auf hintere Kieferpartie ausüben, bis sie den Mund öffnet. Mit der anderen Hand Tablette möglichst weit nach hinten in den Gaumen legen. Danach Mund zuhalten und Kehle leicht massieren, bis die Katze das Medikament geschluckt hat. Manche Tabletten können auch in Wasser aufgelöst werden. Weniger empfehlenswert: Tablette unters Futter mischen oder in Fleischbällchen verpacken. Die meisten Katzen bemerken die „Mogelpackung" und das Futter wird für längere Zeit gemieden. Flüssige Medizin: Flüssigkeit in Einwegspritze (ohne Nadel) aufnehmen und seitlich langsam in den Mund spritzen. Die andere Hand stützt den Kopf der Katze. Tropfen und Salbe: Zum Einträufeln von Augentropfen Kopf anheben, unteres Augenlid zurückziehen. Die Pipette darf das Auge nicht berühren. Bei Salben den Strang hinter das Lid legen und Auge schließen, um die Salbe gleichmäßig zu verteilen. Ohrentropfen oder -salbe bei schräg gehaltenem Kopf eingeben. Salbe eventuell leicht einreiben.

Fütterung. Kranke Katzen haben häufig keinen Appetit, verweigern das ungewohnte Diätfutter oder die Nahrungsaufnahme insgesamt. Nicht selten wird jedoch die Fütterung aus der Hand oder vom Finger (speziell bei Katzenbabys) akzeptiert. Alternativ verwendet man Einwegspritzen (ohne Nadel). Die Einwegspritze kommt auch zum Einsatz, wenn die Katze nicht trinken will.

Pflege. Ist die kranke Katze nicht in der Lage, Fell, Gesicht und After zu reinigen, braucht sie Hilfe bei der täglichen Pflege (→ Seite 55).

Viel Ruhe und Wärme tut der kranken Katze gut.

Erste Hilfe

Jeder Katzenhalter sollte die wichtigsten Regeln der Ersten Hilfe kennen. Schnell und richtig praktizierte Erste Hilfe kann einer verletzten oder bewusstlosen Katze das Leben retten. Die Notfallmaßnahmen erleichtern dem Tierarzt häufig die Arbeit. Er muss in jedem Fall sofort herbeigerufen werden. Die Erste-Hilfe-Ausstattung gehört in die Notfallapotheke Ihrer Katze (→Checkliste, rechts). Ist die Katzenapotheke nicht zur Hand, behilft man sich mit dem Autoverbandskasten.

Kranke Katze – Gefahr für meine Gesundheit?

Krankheiten, die von Tieren auf den Menschen übertragen werden können, bezeichnet man als Zoonosen. Bei der Katze stellen nur einige wenige Zoonosen ein Gesundheitsrisiko für uns dar.

Tollwut. Sicherster Schutz für die Katze und damit auch Schutz vor einer Übertragung auf den Menschen: die regelmäßige Schutzimpfung der Katze (→ Seite 57).

Toxoplasmose. Katzen können Träger der Toxoplasmose-Parasiten sein, ohne Krankheitssymptome zu zeigen. Ihr Kot ist dann jedoch (zumindest zeitweise) infektiös. Die Infektion verläuft beim Menschen meist

Notfall- und Reise-Apotheke

Das gehört in die Notfall-Apotheke:

➤ Schere mit abgerundeter Spitze

➤ Pinzette

➤ Elastische Binden in mindestens zwei Breiten (5 und 10 cm)

➤ Watte

➤ Abdeckgaze für Wunden

➤ Fieberthermometer, möglichst quecksilberfrei, am besten mit Digitalanzeige

➤ Desinfektionsmittel (phenol- und jodhaltige Mittel sind für Katzen gefährlich!)

➤ Vaseline. Zum Schutz der Pfoten und zum Einfetten des Fieberthermometers

➤ Antiseptische Waschlösung

harmlos und bleibt unerkannt. Sie führt zur Bildung von Antikörpern, die vor späterer Ansteckung schützen. Ein Risiko besteht nur für Schwangere bzw. das ungeborene Kind. Schwangere, die bereits früher mit dem Toxoplasmose-Erreger infiziert wurden, sind nicht gefährdet. Der entsprechende Test wird bei der Blutuntersuchung zu Beginn der Schwangerschaft durchgeführt. Schwangere ohne Antikörper-Schutz sollten bis zur Geburt zumindest die Reinigung der Katzentoilette nicht selbst vornehmen, um eine Übertragung durch den Kot auszuschließen.

Pilzbefall. Der Mensch kann sich mit Hautpilzen der Katze anstecken. Rötliche Flecken und Juckreiz sind die Folge, lassen sich aber medikamentös (zum Beispiel mit Salbe) beseitigen.

Parasiten. Spulwürmer, Hakenwürmer und (weitaus gefährlicher) die Eier des Fuchsbandwurms können auf den Menschen übertragen werden. Sicheren Schutz bietet hier allein die regelmäßige Entwurmung der Katze.

Frühlingsgefühle

Weibliche Kätzchen werden zwischen dem 7. und 9. Monat geschlechtsreif, Kater mit 8 bis 11 Monaten. Die rollige (befruchtungsfähige) Kätzin ist unruhig, frisst schlecht, rollt sich über den Boden und miaut laut, der Kater auf Freiersfüßen „spritzt", er markiert sein Revier mit Duftmarken. Hat er Auslauf, macht er sich auf die Suche nach rolligen Kätzinnen und liefert sich Kämpfe mit Nebenbuhlern. Für Tier und Mensch eine Zeit der Belastung. Die Kastration macht dem ein Ende. Beim Kater werden die Hoden, bei der Kätzin die Eierstöcke entfernt. Damit verschwindet der Sexualtrieb. Während der Operation stehen Kater bzw. Kätzin unter Vollnarkose. Negative Auswirkungen des Eingriffs sind nicht zu befürchten. Auch nicht im Verhalten. Im Gegenteil: Meist wird die Bindung an den Menschen enger.

Noch ist die kleine Katze ins Spiel vertieft.

Pflege mit Pfiff

Gesunde Katzen waschen und pflegen sich regelmäßig. Hilfestellung muss man kaum leisten. Ausnahme: Langhaarkatzen, deren dichtes Fell täglich gekämmt und gebürstet werden muss. Insgesamt braucht man nur wenig Zubehör zur Katzenpflege, das aber sollte in keiner Katzenwohnung fehlen.

Pillen mörser

Zahnbürste

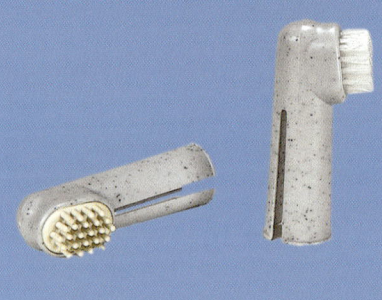

Mörser & Zahnbürste

Nothelfer für kranke Katzen: Der Pillenmörser macht Medikamente mundgerecht. Ein kleiner Dreh un schon ist die Tablette zerkleinert Zahnpflegeset für Katzen: Bereits die junge Katze sollte an regelmäßige Zahnpflege gewöhnt werden. Eine wichtige Vorbeugemaßnahme gegen Zahnsteinbildung.

Fellpflege & Flohkamm

Katzen haben von Mutter Natur den perfekten Waschlappen mitbekommen: ihre Zunge. Kein Problem, damit bei der täglichen Wäsche fast jede Körperstelle zu erreichen. Einen Floh bringt jede Katze einmal mit. Bevor aus einem ein Heer von Flöhen wird, sorgt der Flohkamm für Sauberkeit.

Flohzirku

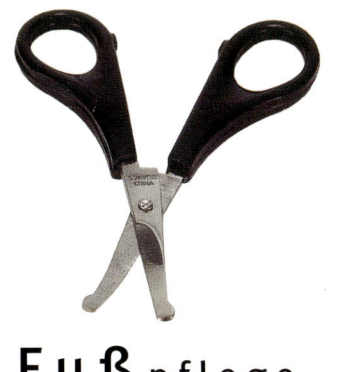

Fu ß pflege

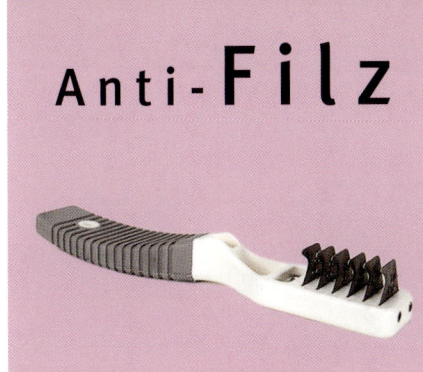

Anti-**Filz**

Schere & Filzkamm

Bei Wohnungskatzen, die keinen Auslauf haben, geht's selten ohne Krallenschere. Sie macht das Krallenkürzen leichter. Die richtige Schnitttechnik zeigt Ihnen der Tierarzt. Segensreicher Filzkamm: Er löst Haarknoten von Perser und Co. und schützt den Langhaarpelz vor Verfilzung.

Noppenbürste

Massage tut gut. Die Gumminoppenbürste kostet nur wenig, aber sie wirkt wahre Wunder. Für Ihre Katze ist Massage wie Streicheln. Schon nach kurzer Zeit kann sie nicht genug davon bekommen. Doch die Bürste schafft noch mehr: Sie stärkt den Kreislauf und entfernt abgestorbene Haare.

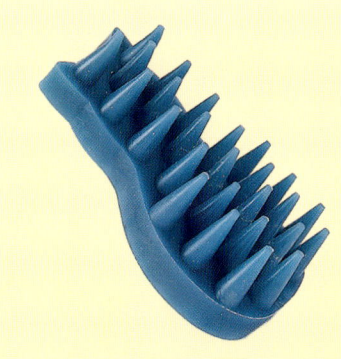

Massagebürste

Au **Backe!**

Halswickel & Krallen

Wärme hilft heilen. Den Halswickel bei Halsweh akzeptiert jedoch nicht jede Katze. Krallenpflege am Baumstamm. Katzen müssen ihre Krallen pflegen, denn sie sind wichtige Werkzeuge beim Kampf mit Rivalen, beim Beutefang und beim Klettern. Wohnungskatzen brauchen einen Kratzbaum.

p r
r r r r
r p r
r p r
p r r r
p r r
r r r
p r r r
p r r

Spiel und Spaß

Drei Dinge braucht die Katze zum Glücklichsein: eine Schlafkiste, den Fressnapf und ihr Lieblingsspielzeug. Spielen prägt das Katzenleben: Spielerisch lernen Kätzchen Bewegungskontrolle, im Spiel testen sie das Jagd-, Kampf- und Sozialverhalten.

Die schönsten Spielideen

Spielen ist Kindersache. Bei fast allen Tieren. Als Erwachsene beschäftigen sie sich mit „ernsthafteren Dingen". Ganz anders unsere Hauskatze: Sie spielt ein Leben lang. Die Verhaltensforscher haben eine plausible Erklärung dafür. In der Partnerschaft mit dem Menschen bleibt die Katze zeitlebens ein Kleinkind. Ihren Baby-Status unterstreicht sie übrigens mit kindlichen Verhaltensweisen, die sie ihren Artgenossen gegenüber nie zeigt. Das für uns so katzentypische „Miau!" gehört zum Beispiel dazu.

Spielen hält Körper und Köpfchen einer Katze jung und fit. Und da Katzen Individualisten sind, entwickeln sie auch im Spiel ganz persönliche Vorlieben. Aber vergessen Sie nicht: Ihre Katze lässt auch das aufregendste Spielzeug links liegen, wenn sie mit Ihnen spielen darf.

Das Bällchen ist (nicht immer) rund

Den Begriff „Ball" sehen Katzen nicht so eng. Alles, was sich schubsen und in die Luft werfen lässt, animiert zum Spiel: Korken, Papierknäuel, Garnrolle (ohne Garn),

Same procedure as every day

Endlich! Der Schlüssel drehte sich im Schloss, Benno war da. Mucki duckte sich und ging in Angriffsposition. Jeden Tag lauerte er hinter der Tür, wenn Benno heimkam. Dann kugelten sie eine halbe Stunde ausgelassen über den Teppich. Es war herrlich!

Jetzt müsste jemand mit mir spielen! Alleinsein macht keinen Spaß.

Tischtennisball, Fellmaus. Das richtige Spielobjekt ist nicht zu groß und zu schwer, aber auch nicht zu klein, damit es nicht aus Versehen verschluckt wird. Im Spiel erproben Katzen, auch die allerkleinsten, ihr angeborenes Jagdverhalten. Das ist auf mausgroße Beutetiere ausgerichtet. Das ideale Katzenspielzeug spricht möglichst viele Sinne an: Die kleine Kugel, die über den Boden hüpft, ist toll. Noch toller ist ein Kügelchen, in dessen Inneren es bei jeder Umdrehung knistert und raschelt. Und ganz aus dem Häuschen gerät Ihr Kätzchen, wenn der Ball seine Nase verwöhnt, mit Katzenminze (Catnip) zum Beispiel. Die Spielmaus beschäftigt stundenlang. Weil das Felltier wie eine Maus aussieht und weil es wie Beute riecht (selbst wenn das Fell heute vom Kaninchen stammt). Ballspiele eignen sich hervorragend, um allein gelassenen Katzen die Langeweile zu vertreiben. Vergessen Sie nicht, Ihrer Katze ein Sortiment an Spielbällen anzubieten. Denn Schwund ist immer: Viele Bälle, Kugeln und Knäuel rollen hinter den Schrank oder unters Sofa und tauchen erst nach Wochen wieder auf.

Katzen geht es nicht anders als den Menschen: Besonders reizvoll ist das, was es nicht jeden Tag gibt. Reservieren Sie also ein paar Spielsachen ausschließlich für die Solo-Zeiten Ihrer Katze (nach Heimkehr unauffällig wieder verschwinden lassen). Das traditionelle Wollknäuel gehört nicht in die Spielkiste. Die Katze kann sich mit den Krallen verheddern und kommt allein nicht frei. Eines ersetzt aber auch das aufregendste Spielzeug nicht: die Spielstunde mit dem Partner Mensch. Dafür sollten Sie sich so oft wie möglich Zeit nehmen.

Echte Maus oder Spielmaus – das ist Minni völlig schnuppe: Spielen ist das wahre Leben.

Das Königreich im Karton

Sie sehen nicht danach aus, aber Katzen sind die geborenen Höhlentiere. Schachteln, Papiertüten, Kisten und Kartons, Koffer und Reisetaschen ziehen sie magisch an. Ein Spleen ist das nicht, die Lust auf dunkle Löcher macht biologisch gesehen Sinn: Höhlen geben rundum Sicherheit und man sieht, ohne gesehen zu werden. Natürlich kommt noch eine Portion Neugier dazu: Eine Katze ist keine Katze, wenn sie ihr Näschen nicht überall hineinsteckt. Aufs De-luxe-Ambiente legt ein Kartontiger übrigens keinen Wert, der handelsübliche Umzugskarton macht ihn absolut glücklich und wird sofort zum neuen Stützpunkt erklärt. Herrchens altes (und ungewaschenes) Sweatshirt als Kuscheldecke verleiht Heimatgeruch, zwei oder drei kleine Gucklöcher in der Kartonwand eignen sich für verdeckte Ermittlungen. Und schließlich lädt die Zweitwohnung sogar zum Knabbern ein. Schneiden Sie Ihrem Katzenkind ein Türchen in die Kartonwand, das erleichtert den Zugang. Katzen, vor allem ganz kleine, sind von jedem dunklen Loch faszniert. Das heißt: Waschmaschine, Kleider-, Küchenschränke und Müllbox stehen nie unbeaufsichtigt offen. Und Plastiktüten, in denen Katzen ersticken können, sollten immer außer Reichweite sein.

1

Die wilde verwegene Jagd

„Du kriegst mich nicht!" Schon startet die wilde Jagd durchs ganze Haus. Wer glaubt, für derbe Aktionen sei sein zartes Schmusekätzchen nicht zu haben, wird eines Besseren belehrt. Jeder ist einmal Jäger und einmal Gejagter, der Mensch und die Katze. Mit Buckel, gesträubtem Fell und hoch aufgerichtetem Schwanz läuft und hüpft Ihre Katze auf steifen Beinen vor Ihnen her, präsentiert die Breitseite und animiert Sie so zum Mitmachen. Zwischendurch versteckt man sich hinter der Tür, dem Sofa oder der Gardine. Sind beide außer Puste, gibt's eine Schmusepause.
Steht Ihnen der Sinn nicht nach so viel Aktivität, schicken Sie die Katze einfach mit Ball, Papierkugel oder Fellmaus auf die Reise. Manche Katzen sind wahre Appor-

Zur Sache, Schätzchen! Im Kampfspiel probt man den Ernstfall.

1 Was ist denn das für ein komisches Ding?

2 Pfötchen vor und zaghafte Tastversuche.

3 Und jetzt schlag' ich ihm mal richtig auf den Pinselkopf.

4 Wenn sich nichts tut, habe ich auch keine Lust mehr.

tierkünstler. Geeignete Objekte: Fellmaus und Catnip-Säckchen. Trainingstipp: Jeden Erfolg mit Lob und Leckerli belohnen. Nur Übungen, die eine Katze aus freien Stücken produziert, kann man verstärken.

Tipp

Spielpause für kleine Katzen. Im Eifer des Spiels überschätzen junge Katzen oft genug die eigenen Kräfte. Verpflichtung für den Katzenmenschen: Bei Volldampfspielen rechtzeitig abbremsen oder Aktion beenden. Nach Spielpause und Nickerchen ist der „Akku" der Katzenkinder wieder im grünen Bereich. Auf zum neuen Spiel!

Angler, Tüftler und Denker

Für manche Katzen ist das tägliche Training mit der Angel Pflicht. Die hat ihren festen Platz in der Wohnung (zum Beispiel im Türrahmen). Die Tüftler interessieren sich mehr für Katz-und-Maus-Spiele und tasten lange nach den unerreichbaren Spielfiguren. Tastspiele lassen sich problemlos selbst herstellen: Objekt (Fellmaus, Korken) in Schuhkarton legen, Löcher in den Deckel schneiden und schon geht Ihre Katze mit der Pfote auf die Suche. Mit versteckten Leckerbissen verführt man jede Katze zum Pfotenangeln in Schachteln oder Röhren. Selbst knifflige Aufgaben finden ihren Meister.

Alles auf Angriff!

Bei Katzenkindern gehört es zur Grund-
ausbildung: das wilde Kampfspiel mit den
Geschwistern. Ersatzweise rauft man später mit seinem Lieblingsmenschen. Anima-
tion brauchen Kätzchen dazu nicht. Im
Gegenteil: Für die Youngster ist es ein
Spiel ohne Grenzen. Da wird mit allen Krallen gefightet und auch herzhaft zugebis-
sen. Verweigern Sie dem Rabauken Ihre
Spielhand, wenn er es gar zu toll treibt –
schon im eigenen Interesse. Ein scharfes
„Nein!" schadet nicht. Weiter gekämpft
wird erst, wenn sich die Wildkatze wieder
beruhigt hat.

Aufhören, solange es noch Spaß macht

Verdonnern Sie Ihre Katze nie zum Spielen,
wenn ihr der Sinn eher nach Schmusen
oder einer ausgiebigen Siesta steht. Das
sind die typischen Signale, wenn ein Kätzchen keine Lust zum Spielen hat: gesträub-
tes Fell, zuckende Schwanzspitze, große
Pupillen, nach hinten stehende oder ange-
legte Ohren, ausgefahrene Krallen, abweh-
rende Pfoten. Wer diese eindeutigen Vor-
warnungen missachtet, wird bestraft:
durch Fauchen, Kratzen und beleidigtes
Verschwinden.

**Puh! Kämpfen
macht müde. Eine
willkommene
Atempause für
zwei kleine große
Krieger.**

**Der liebste Spiel-
und Schmusepart-
ner ist doch der
Mensch.**

Das erklärte Lieblingsspiel junger Katzen
ist das Schlangenspiel. Die Bindfaden-
oder Kordel-Schlange zuckt schlängelnd,
einmal langsam, einmal hektisch vor dem
Kätzchen hin und her und wird schnell wieder weggezogen. Gönnen Sie ihm auch
Erfolge: Bei jedem zweiten Angriff darf es
die Schnur erwischen. Papierknäuel oder
das Fellmäuschen am Fadenende machen
das Schlangenspiel noch reizvoller. Vorteil
für den Spielpartner Mensch: Die Hände
sind weit weg von den zur Attacke ausge-
fahrenen Katzenkrallen.

Heiß geliebtes Spielzeug

Gutes Katzenspielzeug spricht alle Sinne an. Begeisterung im Katzenlager lösen Spielobjekte aus, die gleichermaßen etwas für Auge, Ohr und Tastsinn bieten: schnelle Bewegung, aufregendes Rascheln, eine krallenstarke Verpackung. Und ausgiebig nach Mäuschen riechen darf's natürlich gerne auch noch.

Fette Beute

Play n' Scratch

zum Reinbeißen

Sport

Fang die Maus

Häkeleien

Höhlentier

Kling
Glöckchen!

Chip**maus**

Leckerli-
suche

Angeln
gehen

Kick die **Kugel**

Register

Die **halbfett** gesetzten Seitenzahlen verweisen auf Abbildungen.

Adressen

- **Verein Deutscher Katzen-freunde e.V.**
Postfach 740924,
22099 Hamburg
- **Deutscher Edelkatzen-züchterverband (1. DEKZV)**
Berliner Straße, 35614 Aßlar
Internet: http://www.dekzv.de
- **Deutsche Rassekatzen Union e.V. (DRU)**
Hauptstraße 56,
56814 Landkern
Internet: http://www.DRU.de
- **Österreichischer Verband für die Zucht und Haltung von Edelkatzen (ÖVEK)**
Liechtensteinstr. 126, 1090 Wien
- **Fédération Féline Helve-tique (FFH)**
Denise Kötz, Solothurnerstr. 83,
4053 Basel, Schweiz
Internet: http://www.ffh.ch
- **Deutscher Tierschutzbund e.V.**
Baumschulallee 15, 53115 Bonn
Internet: http://
www.tierschutzbund.de

Zeitschriften

- **Whiskas® Katzenwelt**
Erscheint viermal im Jahr kostenlos bei Whiskas®
Betreuungs-Service, Postfach 6808,
76048 Karlsruhe, Tel. 01805/300311
Internet: http://www.whiskas.de
- **Ein Herz für Tiere**
Gong Verlag, Nordendstraße 64,
80801 München
Internt: http://www.herz-fuer-tiere.de
- **Geliebte Katze**
Gong Verlag, Nordendstraße 64,
80801 München
Internet: http://www.geliebte-katze.de
- **die edelkatze**
Illustrierte Fachzeitschrift für Katzenfreunde. Verbandszeitschrift des DEKZV, Berliner Straße 13,
35614 Aßlar
- **katzen**
Herausgeber: Deutsche Rassekatzen-Union e. V. (DRU),
Hauptstraße 56, 56814 Landkern

Der Autor

Der Zoologe und Journalist Dr. Gerd Ludwig war Chefredakteur der Zeitschrift „Das Tier". Er ist Verfasser freier Reportagen zu den Themenbereichen Tier und Natur, Medizin und Kunst und Autor mehrerer Ratgeberbücher über Hunde und Katzen, vornehmlich für den Gräfe und Unzer Verlag.

Die Fotografin

Monika Wegler gehört zu den besten Heimtierfotografen Europas. Sie arbeitet außerdem als Journalistin, Tierbuch-Autorin, züchtet Abessinierkatzen und lebt mit sieben Samtpfoten zusammen.
Die folgende Aufnahmen dieses Ratgebers stammen von ihr:
Seite 2, 3, 4, 5, 9, 11, 12, 14, 15, 16, 17, 18, 19, 20, 22 li., 26, 27 (außer o.li.), 28, 29, 31, 34, 35, 38, 39, 40, 41, 42, 43 0., 45, 47, 49, 50, 51, 52, 53, 54, 55, 56, 58, 59, 61, 64 (außer o.re.), 65, 66, 67, 68, 73, 74 (außer u.li.), 75;
Whiskas®: Seite U1, 1, 6, 7, 8, 13, 21, 22 re., 25, 27 (o.li.), 30, 32, 37, 46, 48, 62, 63, 64 o.re, 69, 70, 71,

72, 74 u.li., U4;
Verein Deutscher Katzenfreunde
e.V.: Seite 10, 33, 43 u.

Ein Dankeschön an

Frau Barbara Ehrl, die für die Foto-
produktion Katzenausstattung zur
Verfügung stellte („Katzenoase",
Georgenschwaigstraße 1,
80807 München,
e-mail: Katzenoase@t-online.de).

**Wenn Sie Fragen oder Anregungen
haben, dann können Sie sich
selbstverständlich auch direkt an
unseren Partner wenden:**

Whiskas®
Masterfoods GmbH

Kundentelefon: 01805/300311
Internet: http://www.whiskas.de

Impressum

Redaktionsleitung: Anita Zellner
Redaktion: Gabriele Linke-Grün
Umschlaggestaltung und Layout:
Henning Bornemann
Projektleitung Whiskas® (Master-
foods GmbH): Margrit Kolbe-Hopp
Herstellung: Susanne Mühldorfer
Satz: Cordula Schaaf
Reproduktion: Penta, München
Druck: Appl
Bindung: Monheim

Printed in Germany
ISBN 3-7742-5388-9

Auflage: 4.   3.   2.   1.
Jahr: 04   03   02   2001

Das Original
mit Garantie

Ihre Meinung ist uns wichtig. Deshalb möchten wir Ihre Kritik, gerne
aber auch Ihr Lob erfahren. Um als
führender Ratgeberverlag für Sie
noch besser zu werden. Darum:
Schreiben Sie uns! Wir freuen uns auf
Ihre Post und wünschen Ihnen viel
Spaß mit Ihrem GU-Ratgeber.
Unsere Garantie: Sollte ein GU-Ratgeber einmal einen Fehler enthalten,
schicken Sie uns bitte das Buch mit
einem kleinen Hinweis und der Quit-
tung innerhalb von sechs Monaten
nach dem Kauf zurück. Wir tauschen
Ihnen den GU-Ratgeber gegen einen
anderen um.
Ihr Gräfe und Unzer Verlag
Redaktion Heimtier
Stichwort:Whiskas® Katzenratgeber
Postfach 860325
81630 München
Fax: 089/4 19 81-113
e-mail:
leserservice@graefe-und-unzer.de

WHISKAS® KATZENRATGEBER
damit Ihre Katze sich wohl fühlt

ISBN 3-7742-5388-9
80 Seiten

ISBN 3-7742-5391-9
80 Seiten

ISBN 3-7742-5390-0
80 Seiten

ISBN 3-7742-5389-7
80 Seiten

Die Welt der Katzen entdecken und alles erfahren, was man schon immer über die kleinen Tiger wissen wollte! So klappt das harmonische Zusammenleben von Mensch und Katze von Anfang an.

WEITERE LIEFERBARE TITEL BEI GU:

➤ AUS LIEBE ZUM TIER: Meine Katze und ich

➤ MEIN HEIMTIER: Die Katze

➤ TIERMEDIZIN: So bleibt meine Katze gesund,
  Sanfte Medizin für meine Katze

➤ TIERE ERLEBEN: Katzen

Gutgemacht. Gutgelau

p p r r r r r
p r r r r
p r r r p p
p p r r
p p r r p
p p r r r p r p
p r r r r
r r r r p
p r r p r p r r